杭州出版社倾力打造
“景鸿学长”诚意出品
大学规划系列丛书

行业图

解读15热门
行业大数据

◎ 邓景鸿＆陆柏宇 编著

杭州出版社

图书在版编目（C I P）数据

行业·图 ：解读 15 热门行业大数据 / 邓景鸿，陆柏宇编著．-- 杭州 ：杭州出版社，2024.4
（大学规划系列丛书）
ISBN 978-7-5565-2394-8

Ⅰ．①行… Ⅱ．①邓… ②陆… Ⅲ．①职业选择－基本知识 Ⅳ．①C913.2

中国国家版本馆 CIP 数据核字（2024）第 048897 号

行业·图——解读 15 热门行业大数据

HANGYE · TU— JIEDU 15 REMEN HANGYE DA SHUJU

邓景鸿 & 陆柏宇 / 编著

策划编辑 邓景鸿
责任编辑 管章玲
装帧设计 倪 欣
插　　画 林书梅
责任校对 陈铭杰
责任印务 姚 霖
出版发行 杭州出版社（杭州市西湖文化广场 32 号 6 楼）
电话：0571-87997719 邮政编码：310014
网址：www.hzcbs.com
销售热线：0571-87997761
印　　刷 杭州日报报业集团盛元印务有限公司
开　　本 787 mm × 1092 mm 1/16
印　　张 12
字　　数 200 千
版 印 次 2024 年 4 月第 1 版 2024 年 4 月第 1 次印刷
书　　号 ISBN 978-7-5565-2394-8
定　　价 68.00 元

行业K线你图什么？

大多数学生对专业、行业相关知识的直观感受，基本上来自他人的职场感受或亲戚、朋友、师兄师姐等过来人的经验。每年都有许多人讨论择业、职场的话题。有人说根据兴趣择业很重要，有人说择业应看重职业发展前景，也有人认为收入让获得感来得更直接。

曾读过一篇文章，讲到近几年国内人口出生数量呈现逐年减少的趋势，人口结构由纺锤状悄无声息地过渡至倒金字塔形。又见读者群里的当下青年的口头禅："八零后正在经历 35 岁分界线，忍辱负重，起早贪黑，上有老下有小；九零后在挑选工作的路上走走停停，大不了宅与躺，反正'啃老'也不是什么稀罕事儿；零零后更绝了，我不喜欢的老板，就把他开掉！"

虽然上述的时兴段子有比较片面的地方，但是从这些言论中，可以看出国内劳动力市场的供需关系悄然发生着变化。婴儿潮、人口红利之后的新世纪宝宝，可能无法理解计划经济时期祖辈工作靠分配、住房靠单位的常见想法，也很难与"千军万马过独木桥，挤下桥就完蛋"的婴儿潮第二代们共情。

学长认为，以上所形容的各年龄段职场人士的现状，都有一个共同的问题：他们或没有真正看清楚职业背后的行业属性和发展前景，或没有把工作和人生紧密联系起来。不少人觉得，工作只是获取生存资料的渠道，喜不喜欢一个职业并没有那么重要，就像古代婚娶靠父母之命、媒妁之言，合适是幸运的，不合适也只能认命。工作之外也有很多时间，可以分给兴趣爱好和人生理想啊！所以想想也便罢了。这才有了"很多人在 35 岁就已经想退休，而很多人在 35

岁才开始长大”的说法。

我想与读者分享的是，工作、职业并不像考大学、分宿舍那么简单，不过四年六载的，那可是一辈子的事。它会影响一个人六七十年甚至更长久的生命历程。工作会反作用于家庭、婚姻，建构着属于你的情感支撑和社交关系。

那种主张找到一个工作就一定得从一而终的观念已经不再占据主流，我更提倡每个人去不断尝试，寻找真正适合自己的职业。希望大家在选择职业的时候，尽量去掌握潜藏在它们背后的行业属性与行业发展趋势。

选择何种行业背景属性的职业，就是选择过一种怎样的人生。行业不分贵贱，工作没有身份差别，只有人的获得感、幸福感，可以用一生的时间来丈量。当然，有人在职场的路上越攀越高，揽月摘星，也有人“走出半生，归来仍是菜鸟”……

之前的“重庆人在法国”联谊会上，我见到了一位10年前在法国读书时认识的朋友。现在已是两个孩子的母亲的她，在重庆某商圈经营着一家奢侈品店，她也是国外某知名品牌在重庆的独家代理商。

一大圈女士围坐在她的身边，好奇心重的我也凑过去聆听她的“演讲”：“你们不要觉得买奢侈品就是有钱的象征，如果你不懂得每个品牌背后的内涵以及它所要传达出的价值，即便包包挂在手，衣服穿在身，仍然是一群‘大妈’。很多人会用‘纸醉金迷’来形容迪奥，提到箱包，先想到的是路易·威登，谈到皮具，一定是爱马仕。这是品牌长久以来在消费者心中树立的形象。拿美妆的奢侈品来说，兰蔻让人们‘相信美丽’，梦宝星珠宝认为‘美，可遇不可求’，丝芙兰说‘美丽有她自己的语言’，等等。这些对‘美’的定义给了奢侈品强大的生命力。”

没错，我的这位朋友当年在法国巴黎读的专业就是那时我们都没怎么听说过的“奢侈品管理”。曾经不少“姐妹淘”用戏谑的语言嘲笑她：“不就是家里有钱嘛，奢侈品还需要管理吗？这就是拿着钱到法国代购吧！”“还有这样的专业？回国能找到工作吗？不如在国外找个人嫁了吧！”

当天晚宴，我正好坐在她身边，她和我说：“选择奢侈品管理的专业是兴趣使然。我家境比较富裕，也喜欢倒腾服装、化妆品等，但更重要的是父亲为我进行过一个行业调研。早在2010年，他们对中国和美国的奢侈品发展做了时间维度的纵向比较和消费能力的横向比较。父亲认为，在未来10年内，中国奢侈品将迎来爆发式增长，而创造出奢侈品相关专业的国家正是法国，法国也是世界上设置这个专业最多的国家……”

将自己的专业技能转化为职业所需，我的这位朋友算是做得非常棒的。她的经历充分验证了一个道理：选择专业，从事职业，要“择己所爱、择己所长、择世所需、择己所利”。选择不只是一次决定，而是一次意义深远的谋划。

有人会说，每个人的人生阅历都不同，听取别人的经验是没有必要的。欧文·华莱士则有“经验是一所好学校，可它的学生却经常旷课”的名言，说明经验是有用的。

这本书，原计划是2018年出版，奈何彼时我正开启人生的第二段“职业生涯”，即全国文博系统和不可移动文物考察，出版事宜便耽搁了。此次将它在原有稿件基础上进行修订出版，列入景鸿学长大学规划系列丛书，一来完善丛书的知识结构与框架，二来也让这本书面世，接受读者的检阅。本书从构思到内容的撰写均具有一定的独创性，各行业数据半数左右截止于2019年，其余最新至2023年，希望给大家一些参考。这些数据大多数来源于地级市以上政府网站、年鉴，重要门户网站，相关行业官方网络平台，以及腾讯行业年度白皮书等。

此类数据的解读与呈现，可能无法让读者完全避免专业或职场上的“坑”，而我们所期待的，是当面对它们时，读者能想起该如何选择，知道更好的道路是什么。真诚地希望看过这本书的读者能通过行业趋势与他人的职场经验，去把握可能存在的契机，而不必等待下一次、再下一次、N次以后的那个机会。

邓景鸿

2023.11.3 杭州

给我一杯咖啡，再加一粒降心率的药。
医生又不吃饭。
今天医生也没看我一眼，嘤嘤嘤……
小可爱评选
废物回收
没有我，凭你们的小短腿儿得下辈子才能和我同台竞争。
没有我，情比金坚又怎能奈何丈母娘？
没有我，苟且之后哪还有诗和远方？
没有我，蓝天也是“背黑锅”。

你到底会不会发技能？动动你的小手按一下R 键很难吗？RRRRR!
船长的新皮肤真好看啊！
YOU 你
嘿！今天你“举铁”了吗？
嗨！今天你的课我征用啦！么么哒！
求求你，calm down 好伐？Help!
是时候给他们点颜色看看了！我是斗战胜佛！
不要冲动，要冷静。放下武器，和平外交。
军事
外交

行业配对·全脑里的全世界

——HBDI（赫曼大脑优势量表）

这是一个简单的思维偏好小测试，ABCD 四个象限中有 60 个词，从中选出你喜欢的、常用的 15 个词，看看你的大脑偏好的思维方式吧。

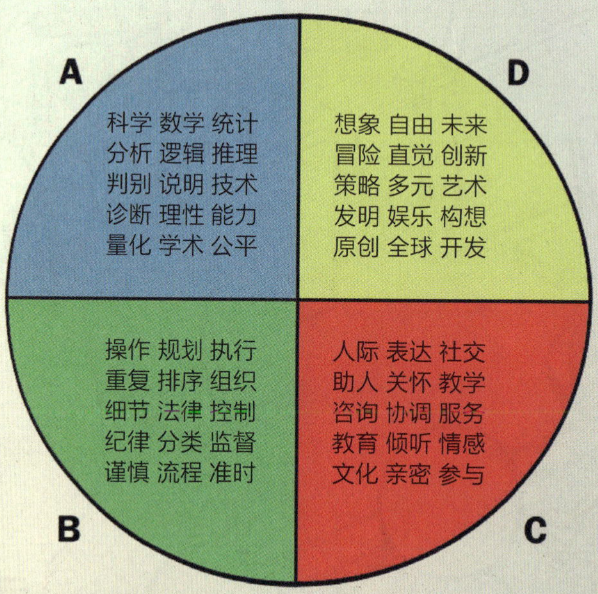

人的大脑除了分左右，还分内外，我们时常听到的大脑新皮质就属于“外”。

基于罗杰·斯佩里（左右脑分工理论）和保罗·麦克莱恩（三脑理论）的研究，奈德·赫曼博士建立了全脑优势模型，用来分析个人和组织的思维方式。

全脑模型将人的大脑分为 ABCD 象限：A 象限为蓝脑，是擅长逻辑思维的分析家；B 象限为绿脑，是擅长组织事实的组织家；C 象限为红脑，是擅长人际关系的交际家；D 象限为黄脑，是擅长抽析概念的梦想家。

HBDI（赫曼大脑优势量表）是一项通过分析思维形态，得出大脑运行机制类别模型的技术。无论是个人成长、了解自我，还是咨询辅导，或者团队人员搭配、管理沟通，都可以借助这个直观的工具，让我们得以知己知彼。

* 行业配对简易测试参考奈德·赫曼的《全脑优势》，由于进行了较大程度简化，测试结果仅供初步参考。

算出你的
大脑思维偏好

60 个词语中，你选了哪 15 个呢？
某象限得分 = 该象限已选择词语的数量 ×10
按照这个公式，计算自己各个象限的分数吧！

A	
B	
C	
D	

33 如果某个象限的分数不超过 33 分，说明

你非常不愿意用这种方式思考问题，或者按这样的思路做事情，大概只有在性命攸关的时候，才会迫不得已使用吧。

66 如果某个象限的分数为 34—66 分，说明

在必要的时候使用这种方式思考问题，对你来说是可以接受的。

99 如果某个象限的分数为 67—99 分，说明

使用这种方式来思考问题能让你感到愉快，看起来也很自然。这是你喜欢的、愿意使用的方式。

100 如果某个象限的分数为 100 分甚至更高，说明

用这种方式思考问题、按这样的思路做事情，能让你如鱼得水。这种偏好难以掩藏，周围人也能察觉到的。

Tips
分数高低仅代表偏好与潜力，并不等同于当下的能力！

画出你的
简易思维偏好雷达图

将各象限的得分在下图对应线条上标记出来，依次连接四个点，所绘出的就是你现在的简易思维偏好雷达图啦！

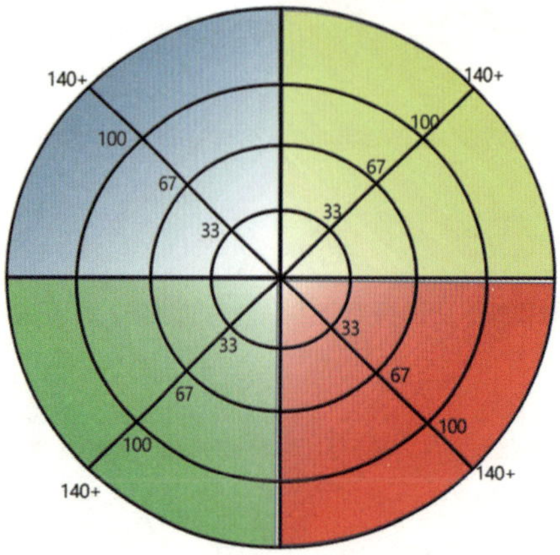

不同思维偏好的人与不同行业的契合度也各不相同，简单来说，本书所涉及的 15 个热门行业与四个象限之间，可以简单对应如下：

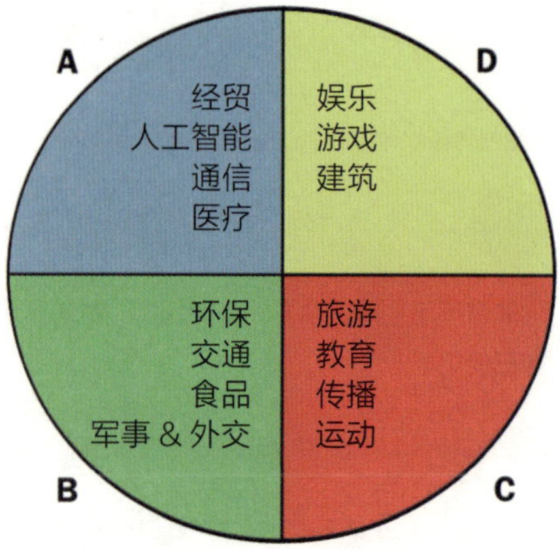

现在知道自己与行业配对的契合度了吧！

敲黑板 · 补充说明

同一时期不同的人、同一个人在不同时期，思维偏好都可能明显不同，这是由于我们大脑具有很强的可塑性。

大脑的思维偏好意味着我们在某个方面更具潜力，针对性训练的效果也将更好。当然，其他象限也是可以通过训练来强化的。

行业可以细分，大脑可以塑造，想知道大脑思维偏好与行业甚至岗位更精确的对应关系，最好在专业机构、专业人员的引导下进行专业的测试。

目录

P002|国际贸易
上海海关学院
海关管理专业
海关通关科科员
海关通关科科长
对外经济贸易大学
保险学专业
P008|保险
UIBE
1951
P001
经 贸
风控专员
总精算师
风控总监 / 首席风险官
风控经理
精算师
复旦大学数学与
应用数学专业
P005|移动支付

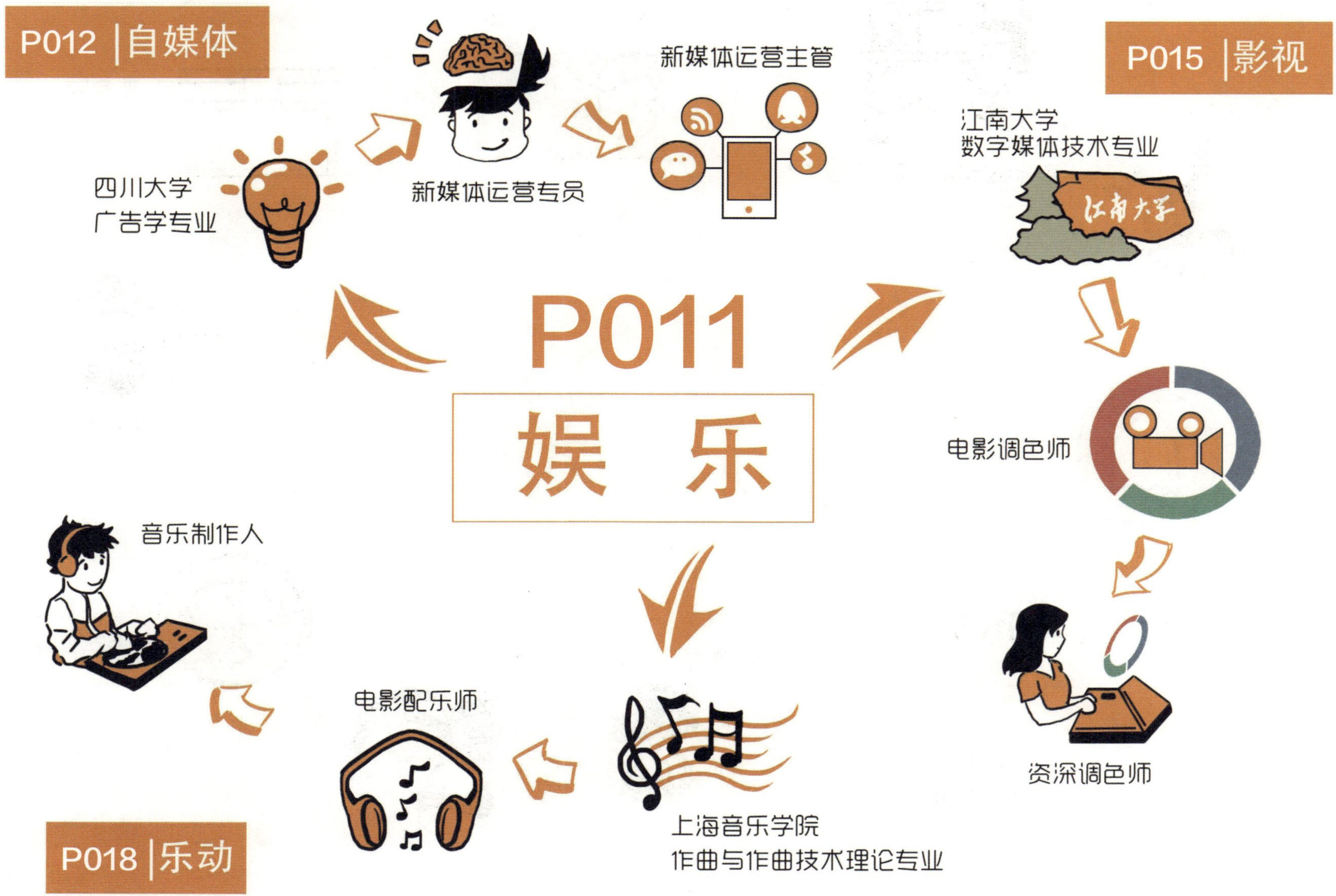
P011
娱乐
P012 自媒体
四川大学
广告学专业
新媒体运营专员
新媒体运营主管
P015 影视
江南大学
数字媒体技术专业
江南大学
电影调色师
资深调色师
上海音乐学院
作曲与作曲技术理论专业
电影配乐师
音乐制作人
P018 乐动

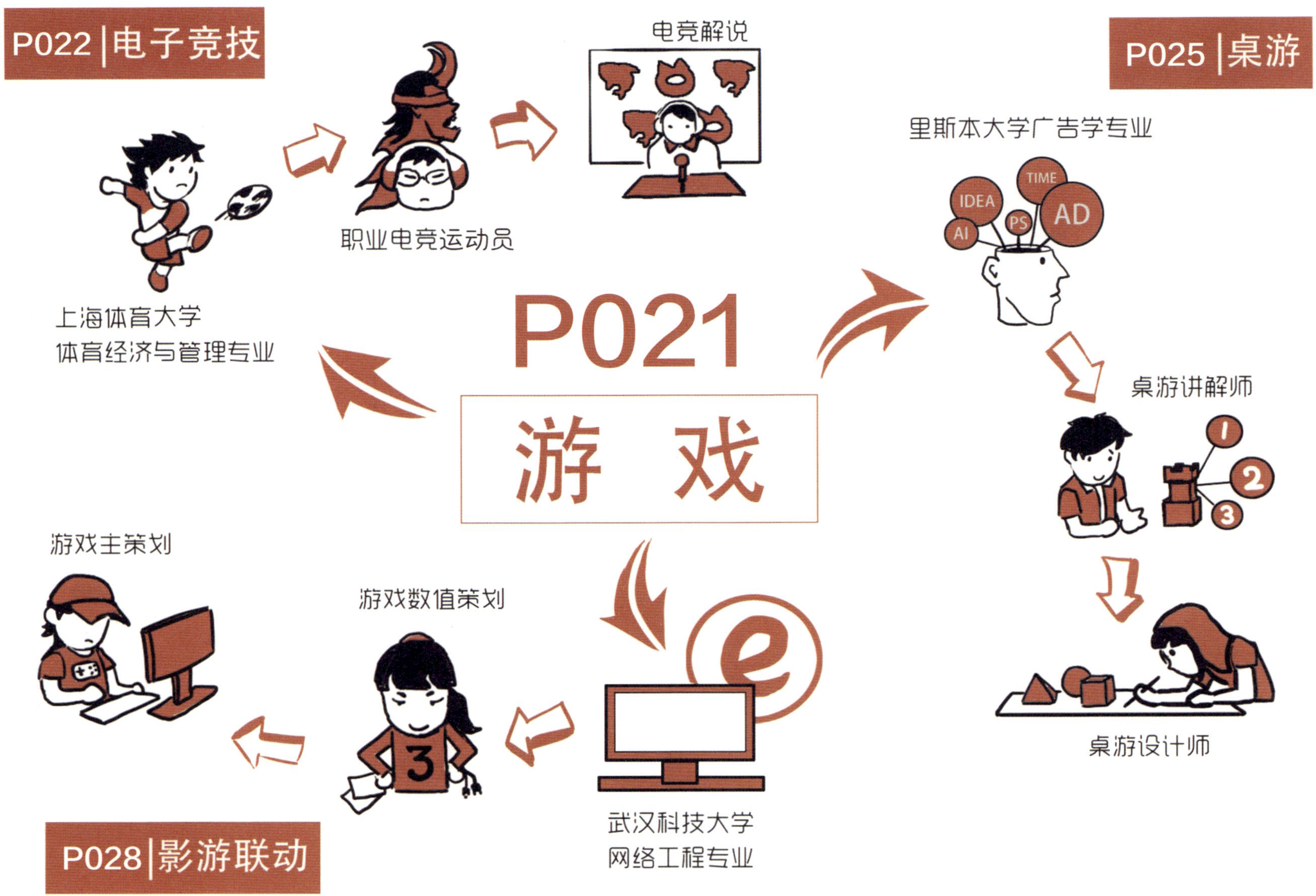
P022 | 电子竞技
职业电竞运动员
电竞解说
上海体育大学
体育经济与管理专业
P021
游 戏
P025 | 桌游
里斯本大学广告学专业
IDEA
AI
PS
TIME
AD
桌游讲解师
桌游设计师
游戏主策划
游戏数值策划
武汉科技大学
网络工程专业
P028 | 影游联动

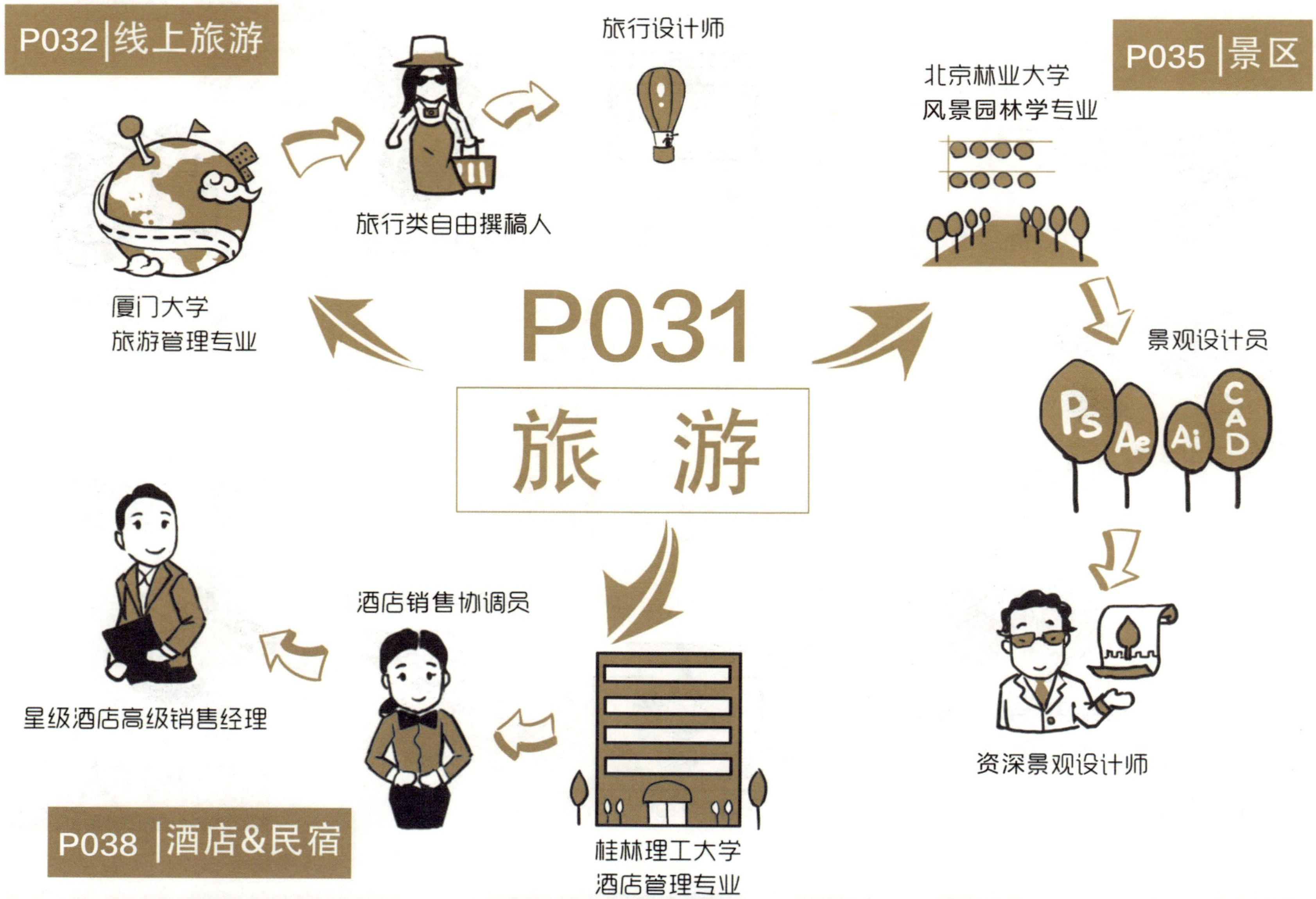
P031
旅 游
P032|线上旅游
厦门大学
旅游管理专业
旅行类自由撰稿人
旅行设计师
P035|景区
北京林业大学
风景园林学专业
景观设计员
Ps
Ae
Ai
CAD
资深景观设计师
P038|酒店&民宿
桂林理工大学
酒店管理专业
酒店销售协调员
星级酒店高级销售经理

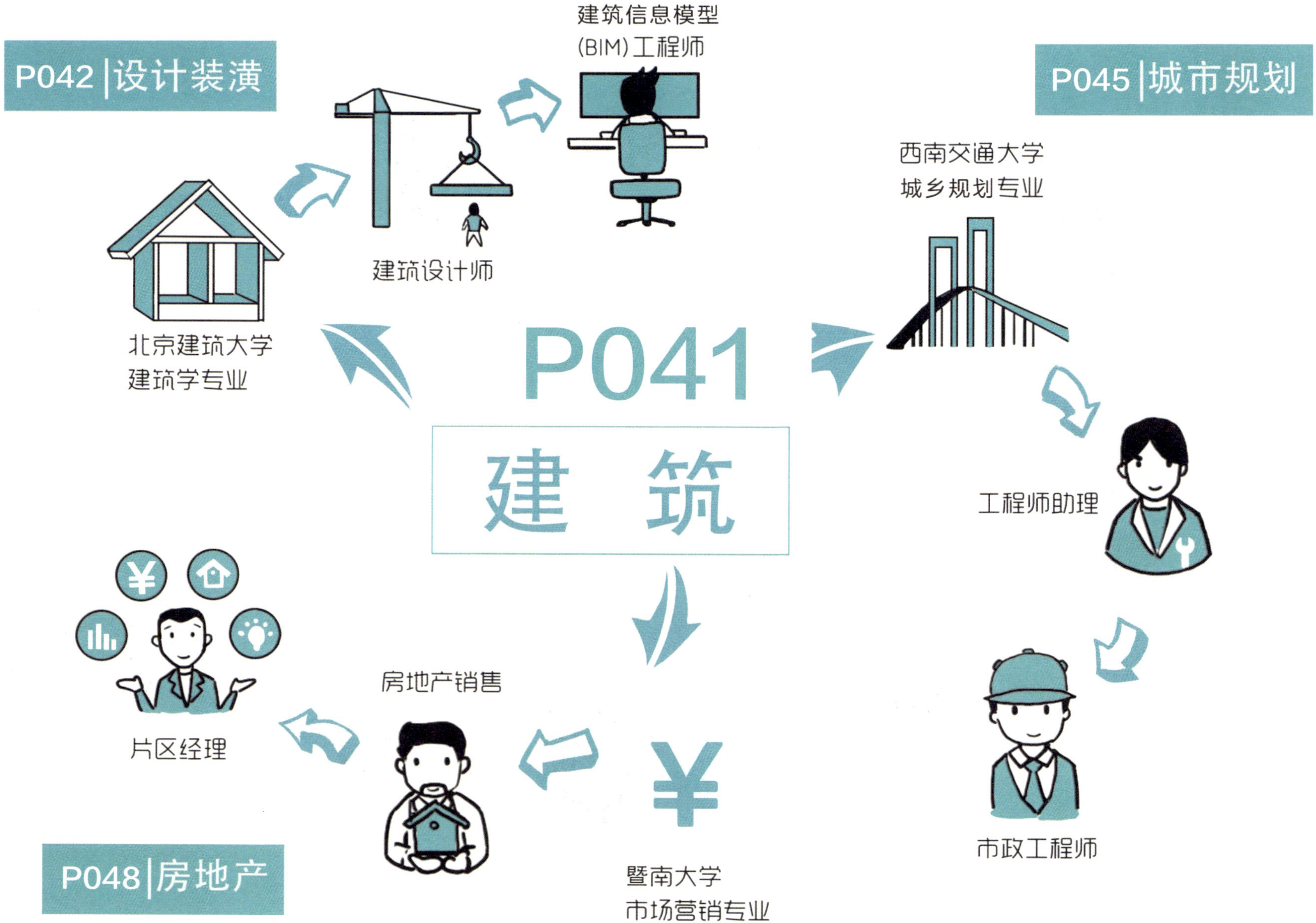
P042|设计装潢
北京建筑大学
建筑学专业
建筑设计师
建筑信息模型
(BIM)工程师
P045|城市规划
西南交通大学
城乡规划专业
工程师助理
市政工程师
P041
建筑
暨南大学
市场营销专业
房地产销售
片区经理
P048|房地产

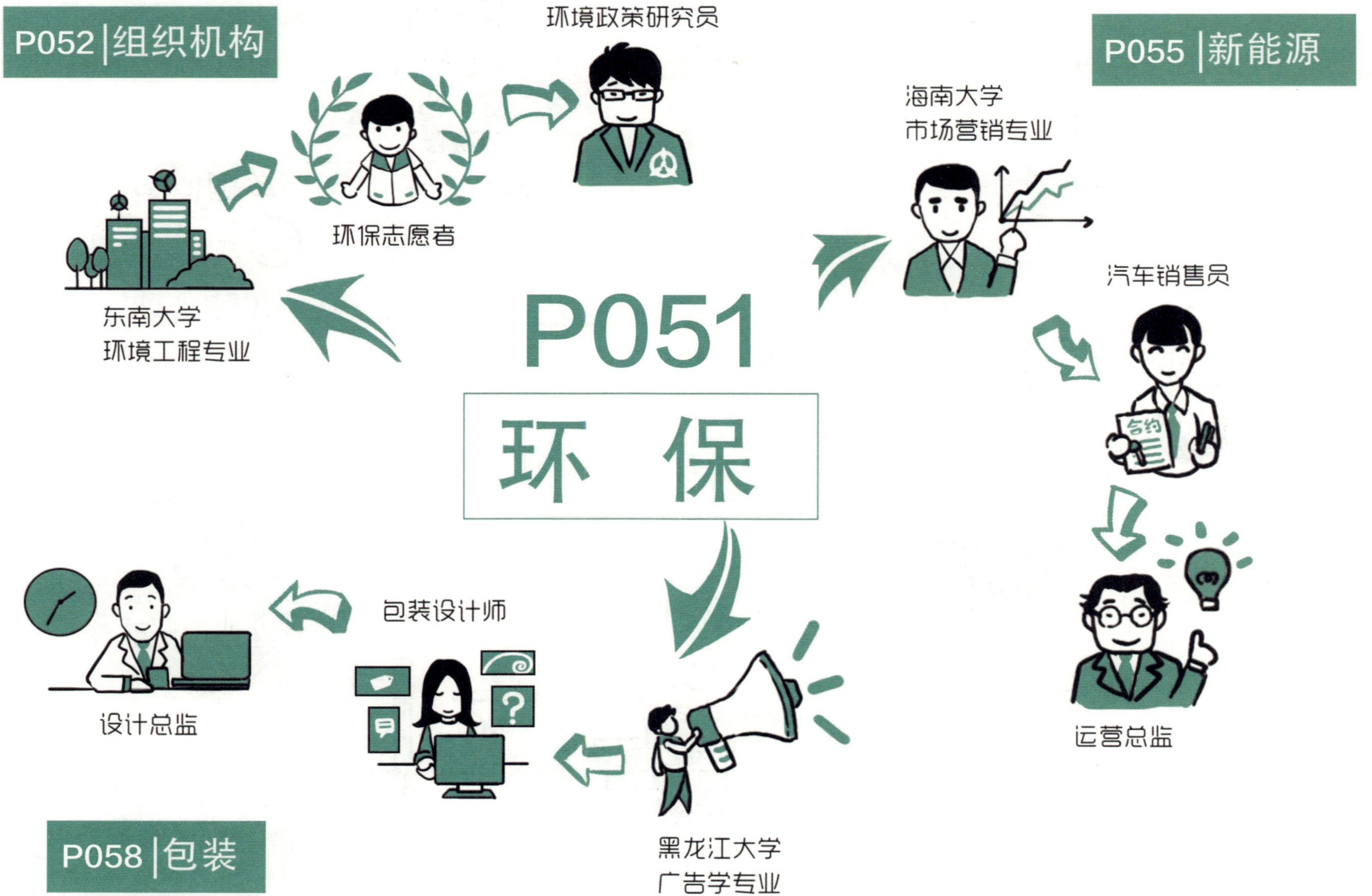
P052|组织机构
东南大学
环境工程专业
环保志愿者
环境政策研究员
P051
环 保
P055 |新能源
海南大学
市场营销专业
汽车销售员
合约
运营总监
黑龙江大学
广告学专业
包装设计师
设计总监
P058 |包装

P062 | 餐饮
米其林餐厅主厨
P065 | 副食品
illy咖啡大学
咖啡专业
餐厅厨师
休斯敦大学
烹饪学专业
P061
食品
咖啡师
粮食工程师
粮油检验员
吉林农业大学
粮食工程专业
咖啡店店长
P068 | 食品安全

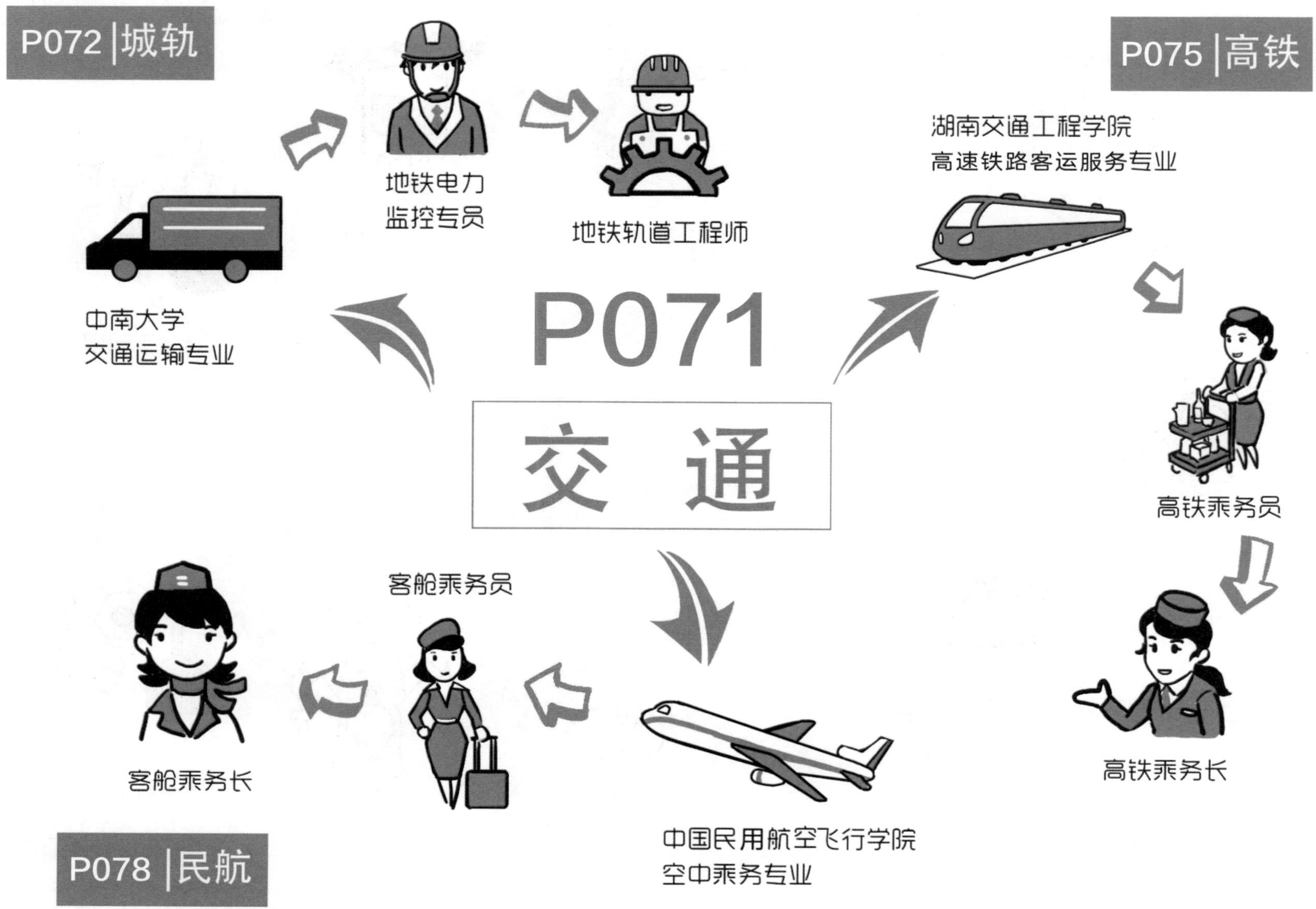
P071
交 通
P072 |城轨
中南大学
交通运输专业
地铁电力
监控专员
地铁轨道工程师
P075 |高铁
湖南交通工程学院
高速铁路客运服务专业
高铁乘务员
高铁乘务长
P078 |民航
中国民用航空飞行学院
空中乘务专业
客舱乘务员
客舱乘务长

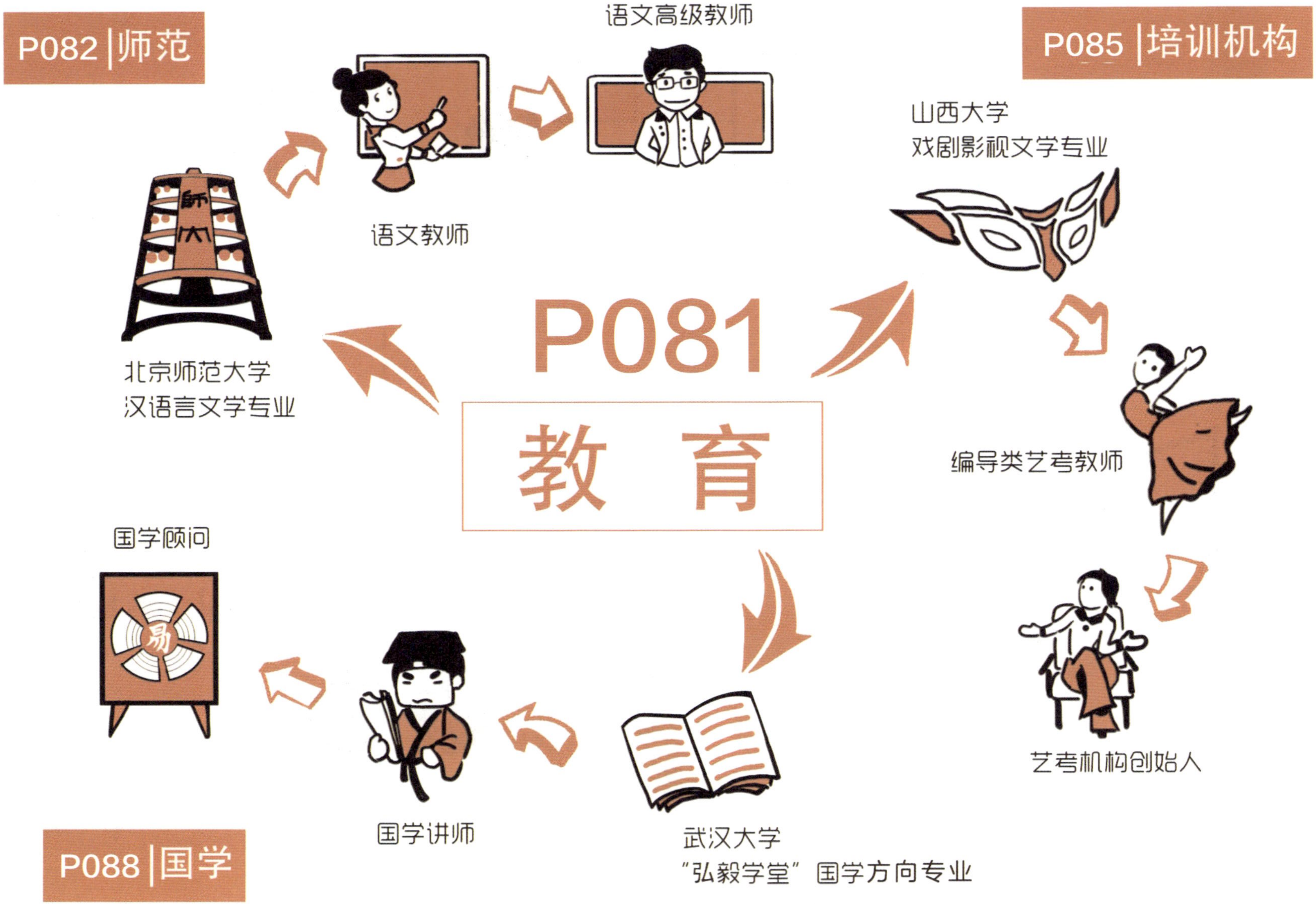
P081
教育
P082 师范
北京师范大学
汉语言文学专业
语文教师
语文高级教师
P085 培训机构
山西大学
戏剧影视文学专业
编导类艺考教师
艺考机构创始人
P088 国学
武汉大学
“弘毅学堂” 国学方向专业
国学讲师
国学顾问

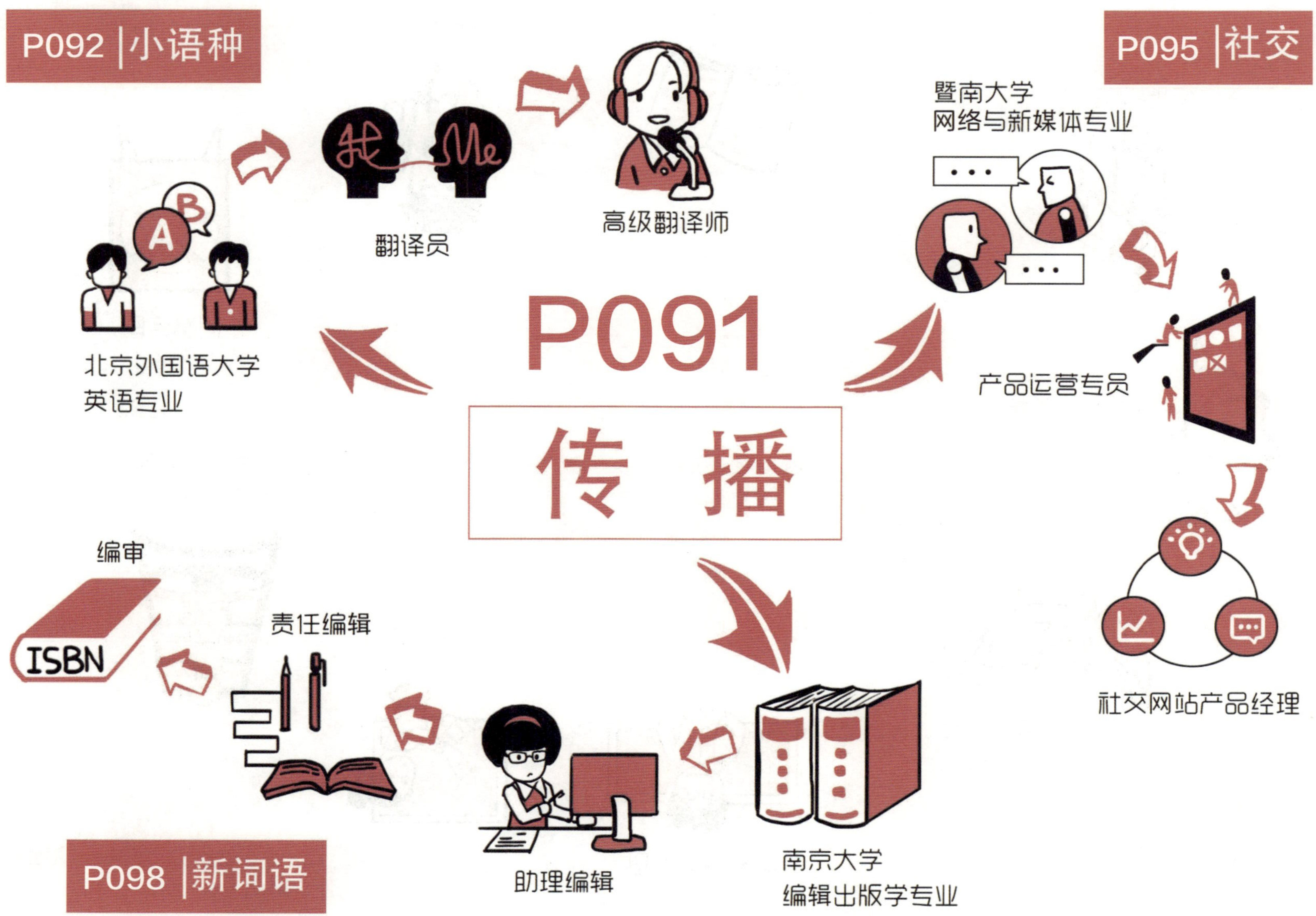
P092 |小语种
北京外国语大学
英语专业
翻译员
高级翻译师
P095 |社交
暨南大学
网络与新媒体专业
产品运营专员
社交网站产品经理
P091
传 播
南京大学
编辑出版学专业
助理编辑
责任编辑
编审
ISBN
P098 |新词语

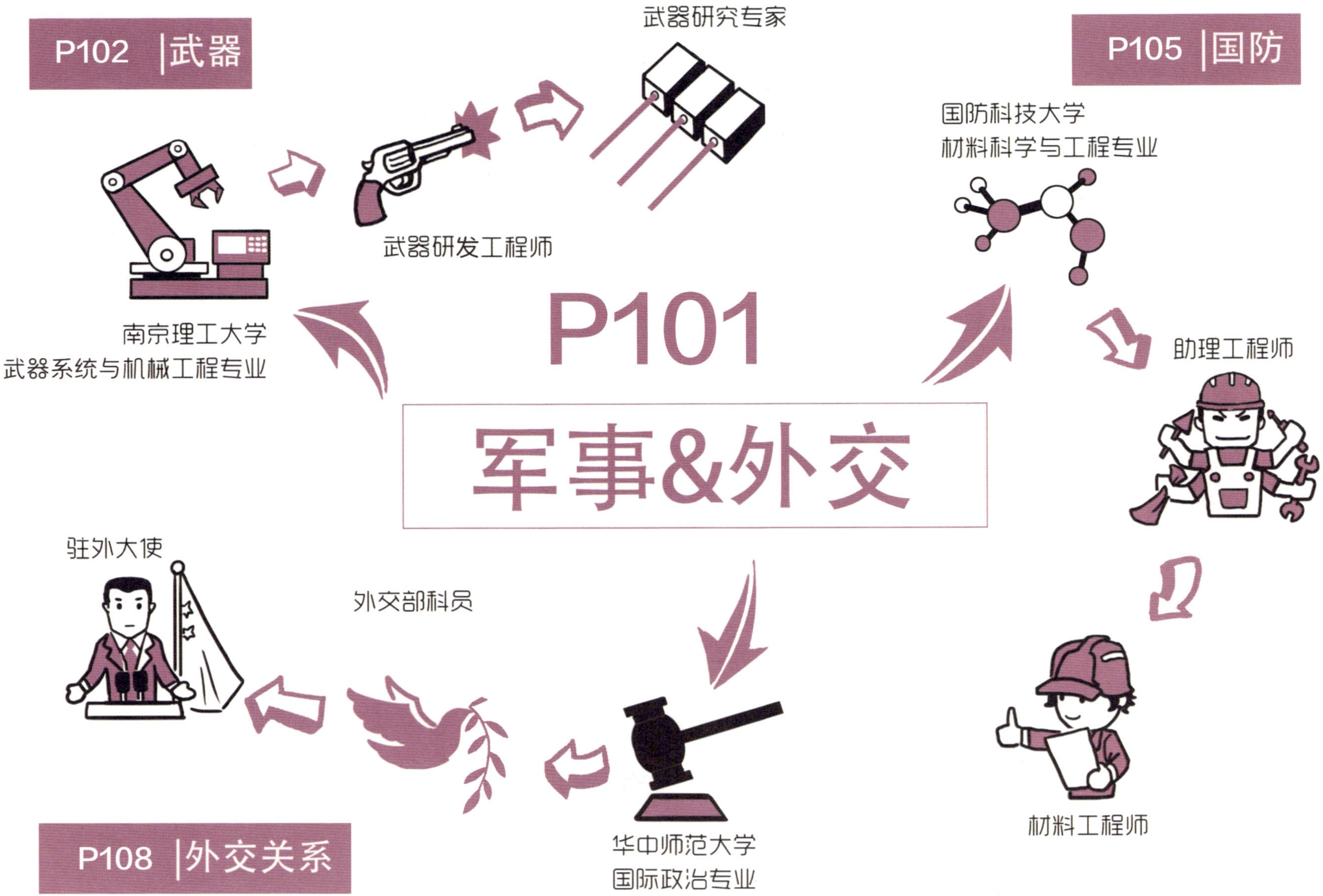
P101
军事&外交
P102 |武器
南京理工大学
武器系统与机械工程专业
武器研发工程师
武器研究专家
P105 |国防
国防科技大学
材料科学与工程专业
助理工程师
材料工程师
华中师范大学
国际政治专业
外交部科员
驻外大使
P108 |外交关系

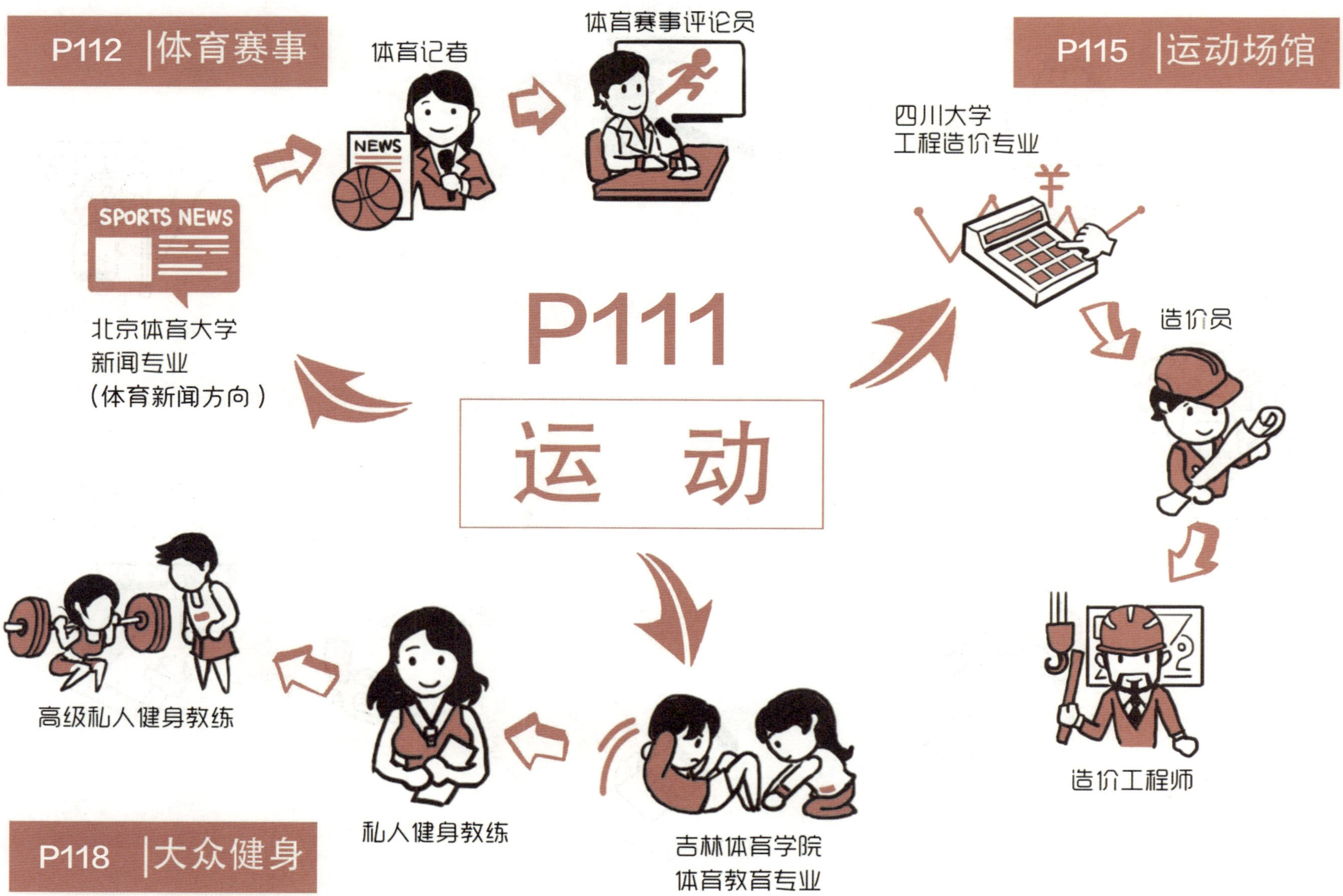
P112 |体育赛事
体育记者
体育赛事评论员
P115 |运动场馆
SPORTS NEWS
北京体育大学
新闻专业
（体育新闻方向）
NEWS
P111
运 动
四川大学
工程造价专业
造价员
造价工程师
高级私人健身教练
私人健身教练
吉林体育学院
体育教育专业
P118 |大众健身

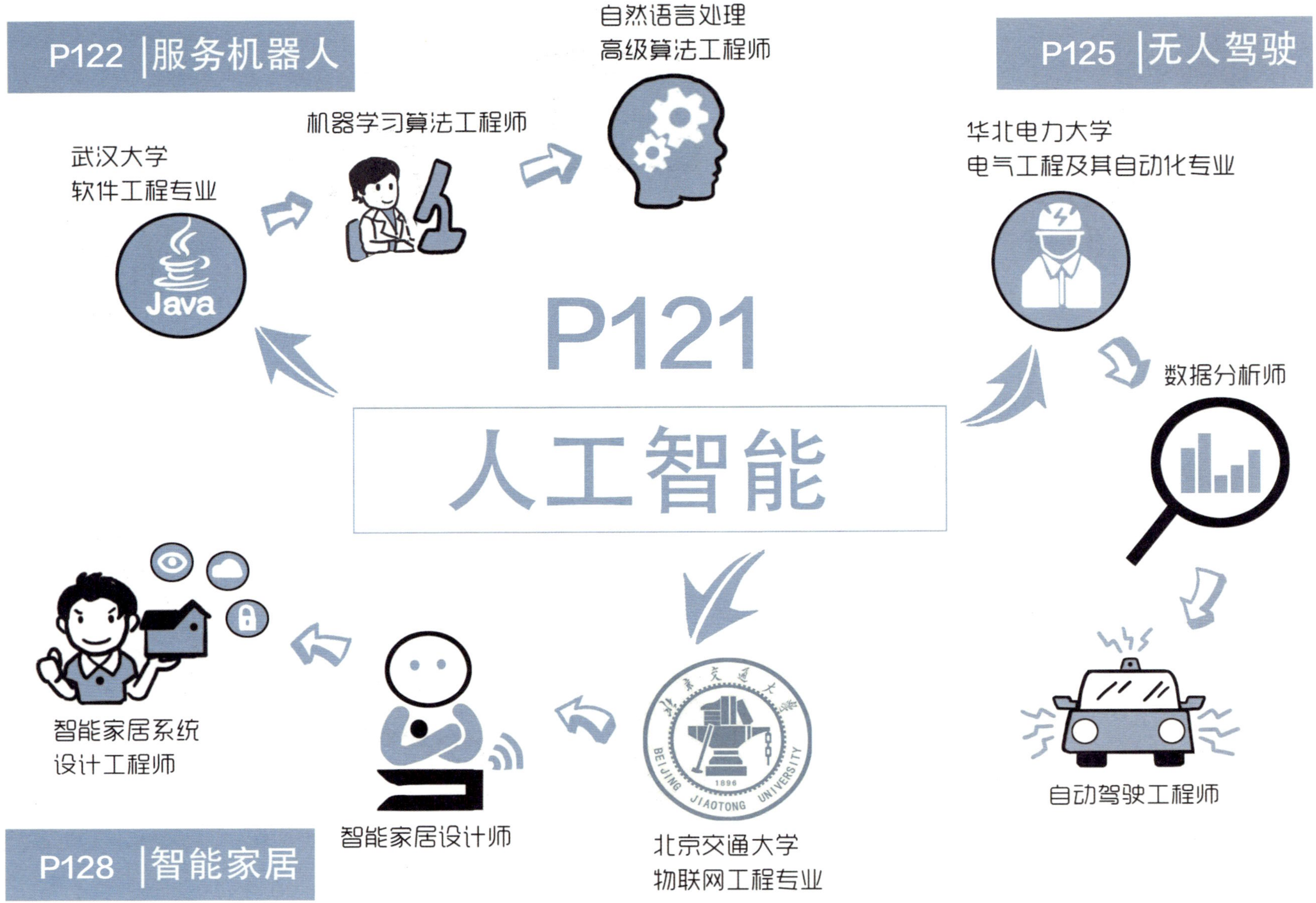
P121
人工智能
P122 |服务机器人
武汉大学
软件工程专业
机器学习算法工程师
自然语言处理
高级算法工程师
P125 |无人驾驶
华北电力大学
电气工程及其自动化专业
数据分析师
自动驾驶工程师
北京交通大学
物联网工程专业
智能家居设计师
智能家居系统
设计工程师
P128 |智能家居

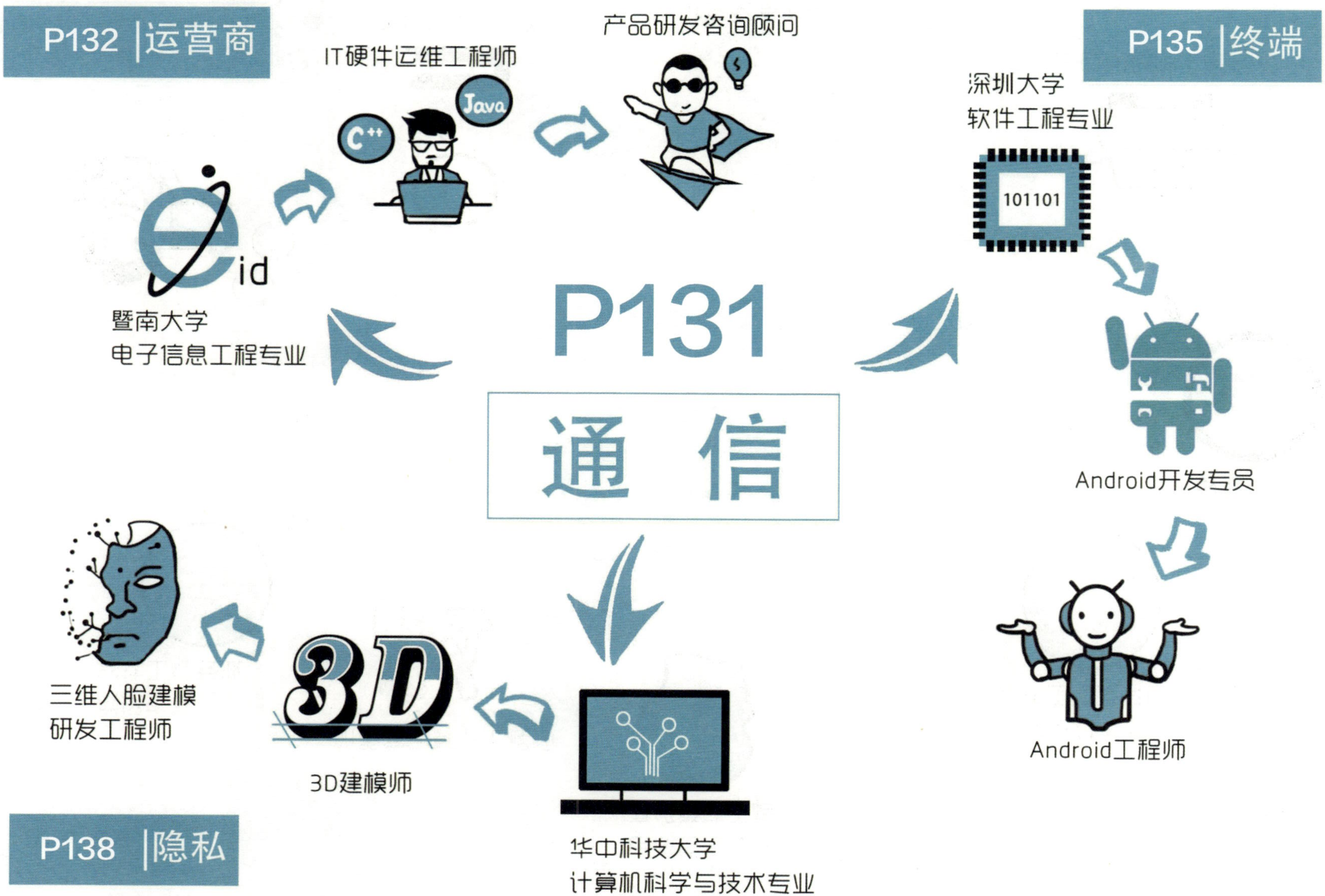
P132 |运营商
IT硬件运维工程师
产品研发咨询顾问
P135 |终端
深圳大学
软件工程专业
101101
暨南大学
电子信息工程专业
P131
通 信
Android开发专员
Android工程师
三维人脸建模
研发工程师
3D建模师
华中科技大学
计算机科学与技术专业
P138 |隐私

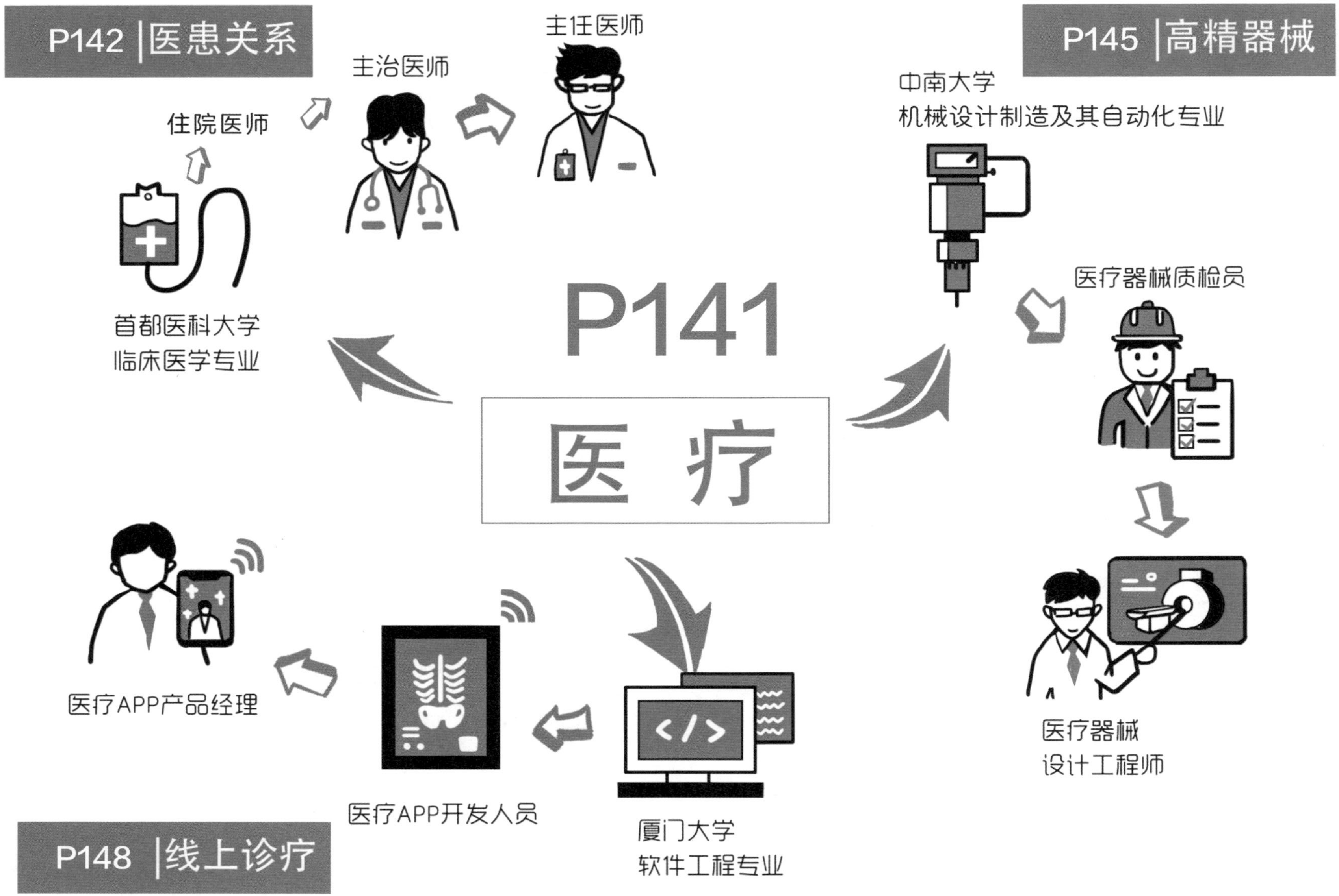
P141
医 疗
P142 医患关系
住院医师
主治医师
主任医师
首都医科大学
临床医学专业
P145 高精器械
中南大学
机械设计制造及其自动化专业
医疗器械质检员
医疗器械
设计工程师
P148 线上诊疗
厦门大学
软件工程专业
医疗APP开发人员
医疗APP产品经理

专业
大不同

经贸

- 国际贸易
- 移动支付
- 保险

国际贸易

International Trade

“与国际接轨，该行业从业人员出门乘奔驰、宝马，同事为精英美女”，听着“高大上”的国际贸易便自带美好想象。真正的国贸人，进能开拓创新，退能谈天侃地，集才华、性情于一身，通多国语言。经贸强国，由你来建。

01

关注国际贸易领域专业推荐

专业	院校推荐	就业方向
国际经济与贸易	复旦大学 山西财经大学	在外贸类公司做业务员、国际商贸师等
海关管理	上海海关学院 对外经济贸易大学	在海关、商检和商务局等从事海关质检员、报关员、贸易管理等工作
贸易经济	中国人民大学 重庆工商大学	在互联网、金融投资等行业从事财务、销售、营销顾问等工作
公共关系学	华东师范大学 贵州师范学院	在政府部门、企事业单位等从事公共关系协调、信息咨询、活动策划等工作

2019 年 我国对三大贸易伙伴进出口商品总值情况

02

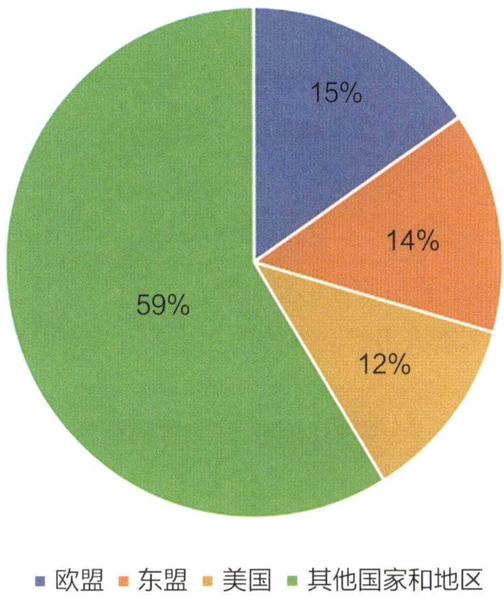

2019 年，我国货物进出口贸易总额 315505 亿元（未包括港澳台数据），比 2018 年增长 3.4%，贸易方式结构有所优化。我国对前两大贸易伙伴欧盟和东盟进出口同步增长，二者合计约占我国进出口总值的 29%。同时，我国与部分“一带一路”沿线国家进出口贸易增势较好。

2010—2019 年 人民币对美元和欧元汇率变化

03

2005 年中国汇率改革，人民币升值，人民币汇率市场化程度显著提升。

2015 年，中国人民银行完善人民币汇率中间价形成机制，跨境资金流出压力逐步缓解。2016 年，人民币正式加入国际货币基金组织（IMF）特别提款权（SDR）货币篮子，走向国际化，成为世界第三大储备货币。

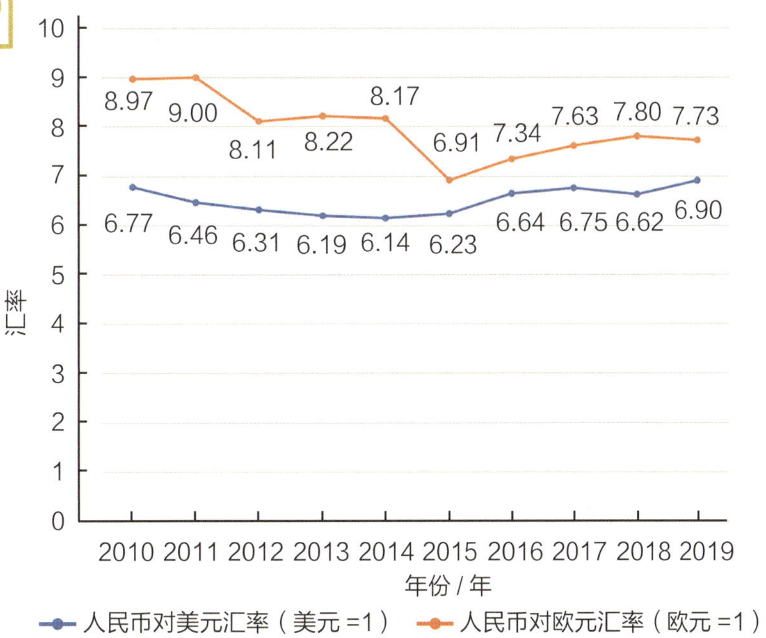

听他说

我的工作是“销售跟单”。此“销售”非彼“销售”，销售和跟单紧密联系，我们通过团队协作完成具体业务。销售也并非单纯卖产品，还要做好售后服务，站在客户角度思考该怎么做生意。

跟单是一份细致活儿，容不得半点马虎，一点点差错都可能给公司带来较大损失。跟单工作烦琐、辛苦，工作量大，重复性强，售后服务也要做好。

业余时间，我正在写自己的《外贸新人手册》，希望为更多朋友打开一扇了解外贸跟单的窗。

@ 老树不倒
中南财经政法大学国际商务专业，外贸公司跟单员

我的上班时间是上午八点。我每天提前到办公室，翻看前一天的工作记录，写新一天的工作安排。八点召开简短的早会后，大家各就各位，开始一天的检验工作。检验时，要对照单证逐一检查每一件货物，不放过任何一个细节，检查完毕后放行，然后重复同样的动作。监管查验不仅需要体力，也需要脑力，分析单证、仔细检查货物，不能有丝毫松懈。因为一个疏忽就可能给国家造成重大损失。

@ 斌 Sky
复旦大学国际经济与贸易专业，海关监管科科长

拥有“三寸不烂之舌”的我，很早便对销售产生了兴趣。也许很多人都有一颗想“卖安利”的心，但直到做了销售代表，我才发现事情没那么简单。

销售是公认的容易触及高薪的工作，而且门槛较低，但这并不代表成为优秀的销售人员很容易。制订数不完的计划、盘点众多的货物并填写清单、进行市场调研制订方案……有计划、有管理、有反思、有合作才能更好地实现目标，销售技巧也要在实践中不断检验、打磨和提升。

@ 大明同学
湖北大学市场营销专业，销售代表

Mobile Payment

移动支付

收钱码、乘车码、扫码骑共享单车……出门无须带钱包，10 笔支付 8 笔用手机，移动支付便捷了生活，更丰富了人们的想象。“银行不改变，我们就改变银行”，互联网金融与银行，“强强联手”会产生怎样的反应？

01

关注移动支付领域专业推荐

移动支付领域内涵		涉及专业
关键技术	区块链 云计算 人工智能 生物识别	统计学 软件工程 网络工程 数学与应用数学 生物信息学 智能科学与技术 计算机科学与技术
主要业务	支付 银行 信贷 基金 理财	金融学 经济学 投资学 财务管理 工商管理 信用管理
产品和技术支持	风控 营销 运营	金融工程 电子商务 市场营销 商务经济学

02 2012—2019年中国移动支付情况

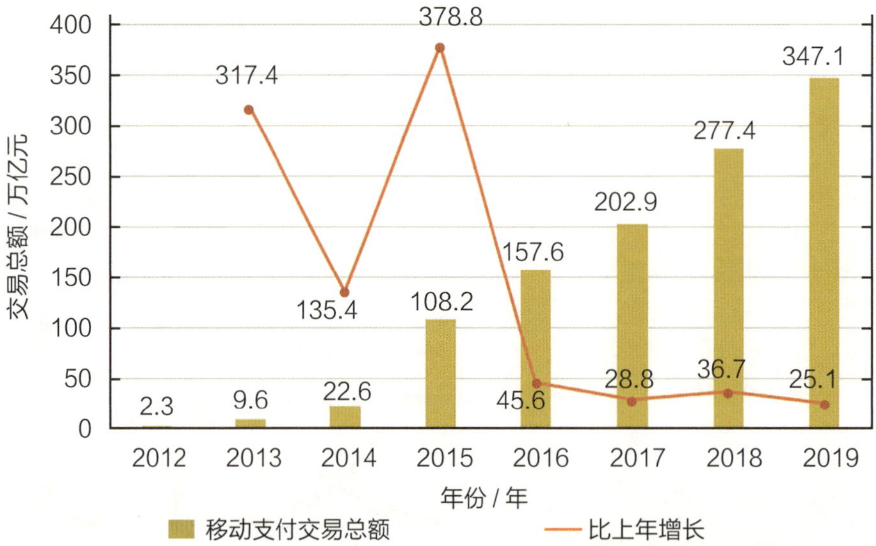

2019年，全国支付体系运行平稳，移动支付业务量达1014.31亿笔，比2018年增长67.6%。随着移动通信技术的发展、终端的普及、支付习惯的转变和应用场景的拓展，预计移动支付交易规模将持续稳定增长，“无现金社会”趋势明显。

03 移动支付方式偏好（2019年）

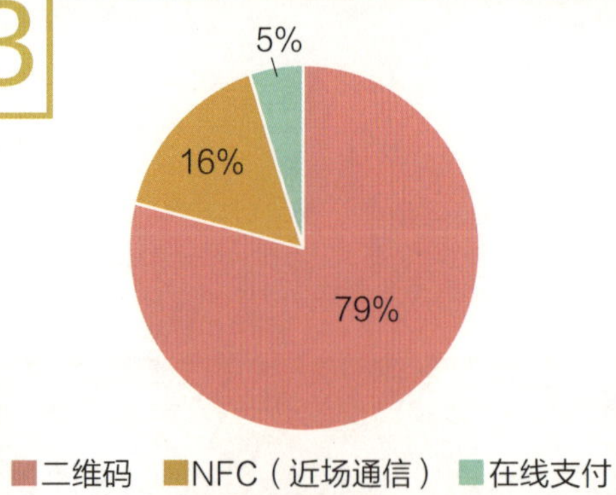

偏好二维码及NFC（近场通信）支付的原因（2019年）

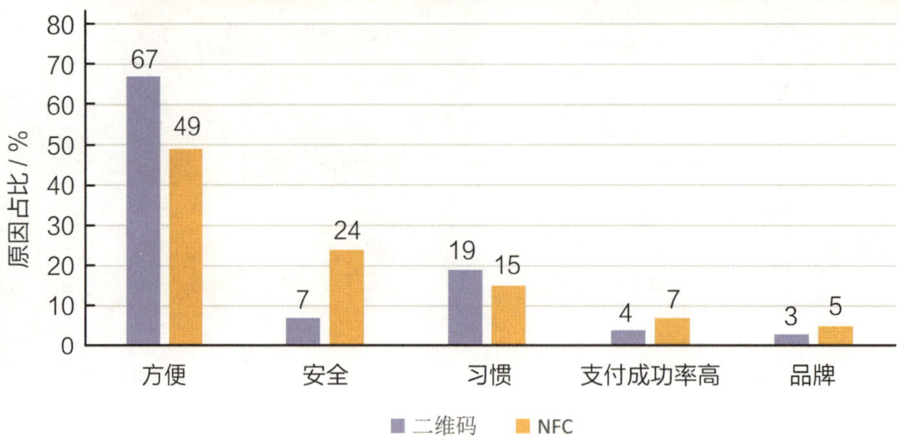

听他说

我在一家电商公司做数据分析，每天同各种表格打交道。

日报每天必做，从中能看出销售状况、过去流量来源的对比、转化率的变化、客单价的涨幅，甚至销售走势、任务完成程度等。

日销、库存类表，能提供近期公司是否需要大型活动、产品库存预警、消费者在宣传作用下的消费偏好等信息；流量分析相关表，需要我们通过各种渠道获取近期流量；每一个较大的活动结束后都要进行复盘，分析销量、走势，与前期对比，制订改进方案，等等。

数据分析是公司运营较核心的部分，每一个决策都要参考公司数据指标，每一个营销策略也要结合当前数据表来科学制定。

@ 宗翰
重庆大学统计学专业，数据分析师

产品的成功需要综合考虑各方面因素。恰当的时间点、外部环境、用户阶段、自身的技术运营能力以及综合成本等都需要考量。

产品经理的核心能力是决策力，即从无数取舍路径中选择最优解的能力。我们的价值导向不是做出完美的产品，而是用产品的手段追求最佳投入产出比。与研发人员顺畅地沟通是一大挑战，只有和他们不断磨合才可能共同做出好产品。

@Crystal
电子科技大学计算机科学专业，产品经理

识别和评估投资、运营等风险，对相关风险提出防范和控制建议，参与项目方案设计，提出风险缓释措施等是我的日常工作。

记得有一次审批贷款时，业务部门分析后同意授信，并交予我审批。但我看了材料，对借款人和政策、行业、经营、财务的风险分析后，提出了异议，加之查询到借款人及其公司的负面信息，最后不予通过，贷款被否决。

这个案例非常典型，若判断出现失误，可能给公司造成巨大损失。做风控，我们所承受的压力与面对的风险从来都不小。

@ 斗牛士
对外经济贸易大学投资学专业，风控总监

保险

Insurance

最陌生的老熟人非保险莫属，不少人对它喜恶参半，背后的关系剪不断，理还乱。有人烦恼于推销人员的坚持，有人茫然于合适险种的选择，也有人悔恨于需要时却未参保。恢复至今 40 余年，已过“不惑”的保险业成长的步伐从未间断，前进的空间依然足够。

2019 年各保险公司人身险保费总额 Top10

01

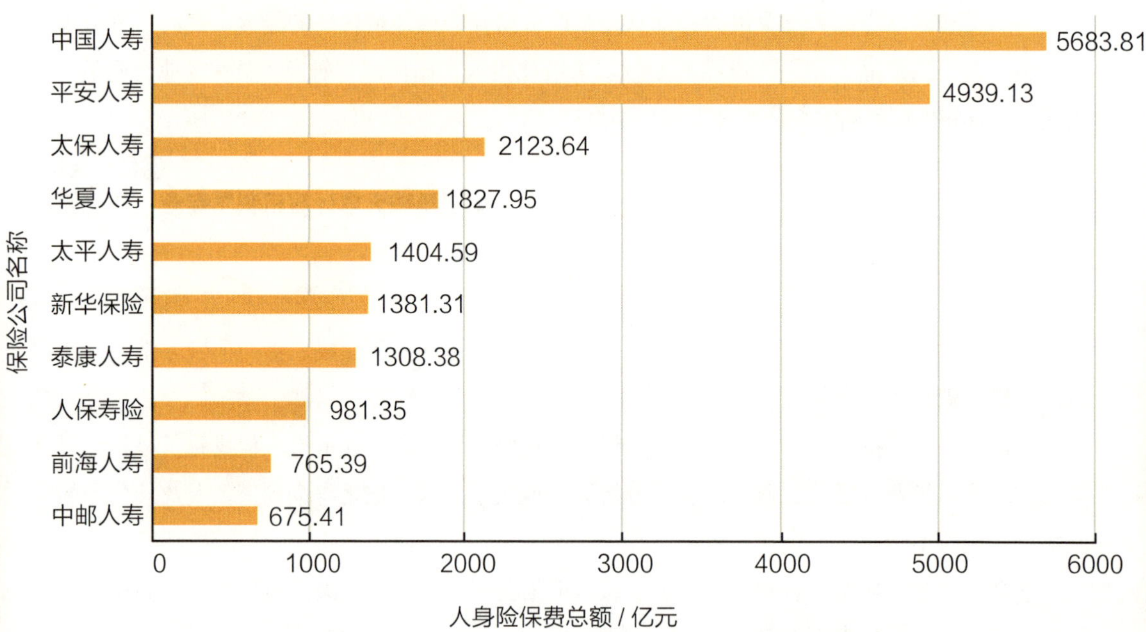

[注] 数据来源：新浪财经客户端“小泽晓保”2020 年 3 月 3 日整理的排名表。

我国保险险种及内容

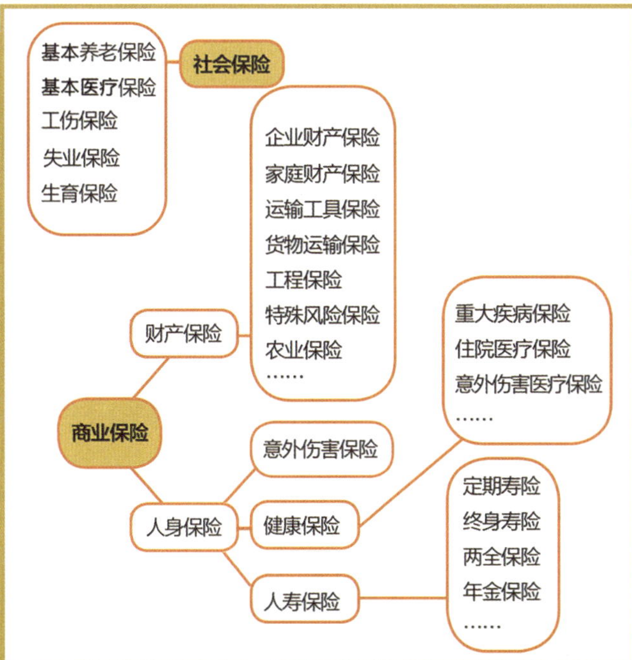

我国的保险有社会保险（社保）和商业保险两大类。社保提供最基础的保障，通常优先配置。商业保险是社保的补充，保险范围扩大，回报率也更高。

03

部分发达国家养老保险制度

美国	养老责任由政府、社会和个人共同承担。资金来源主要是在职人员上缴的“社会保障税”。
德国	养老保险包括法定养老保险、企业养老保险和私人养老保险，后两者又被称为“补充养老保险”。法定养老保险的覆盖面较广，资金主要由雇主和雇员缴纳。
瑞士	养老保险有三种模式：第一种是国家提供的基本养老保险，属于强制性保险；第二种是企业提供的职业养老保险；第三种是各种形式的个人养老保险，是对第一、第二种模式的补充，以满足个人特殊需要。三者共同分担、互为补充。
英国	“以房养老”，主要有两种形式：一是房产抵押，每月以贷款作为养老金，老人继续在原房居住，直至去世或搬进养老院后用该住房抵押贷款；二是出售大房，换购小房，用差价款养老。

部分发达国家医疗保险制度

加拿大	全民医疗保险制度。以公共医疗保险为主，商业医疗保险为补充。公共医疗保险由政府出资、管理，私人医院或医生提供医疗服务。
美国	没有建立全民医疗保障制度。私人商业医疗保险占大份额，公立和私立医院公平竞争，政府作为第三方，监管市场有序运行，并承担低收入者和老年人的医保费用。
德国	社会医疗保险通过法律手段促使企业单位和个人共同缴纳社保基金，并以互助共济为宗旨，由政府计划组织并监管。

04

听他说

我每天早上 8：30 到达公司参加晨会。9：30 开盘之前，我们团队要对管理的账户进行梳理。9：30 — 10：30 是个人工作时间。下午 1：00 — 3：00，我会与下属一起为客户制订战略资产配置方案。下午 3：00 — 5：00，我和工作团队会对量化投资模型以及资产配置工具进行维护，并根据业界资讯和客户需求，讨论和研发新的资产管理及发展策略。

精算师能将复杂的信息转化为简明易懂的建议。我们能根据现有情况对不同决策带来的结果做出预测，并从宏观角度考虑问题，不拘泥于细枝末节。

@Lee
复旦大学数学与应用数学专业，资深投资精算师

我曾尝过风险的苦头。2006 年的一次天气突变，我家矿厂的简易厂房被刮倒、机器设备受损毁、树木被雷击……重修简易房就花费了近 7 万元，辛苦挣的钱因为一场暴雨就没有了。同样的事在 2008 年夏天也发生过，加之金融危机的影响，后果更加严重。

2009 年至今，我一直从事保险营销员工作。对每一位客户，我的服务都同等尽心。签单时，我会建议他们选择既能享受足够保障又能减轻缴费压力的保险方案。虽然这样我拿到的佣金收入可能会少很多，但对客户来说，他们得到了性价比最高的保障。

@ 戈吱吱
河北经贸大学行政管理专业，保险营销员

我主要为企业提供有关企业风险类的保险咨询，完全代表客户利益。我所在的保险经纪公司为我们投保了“职业责任险”，这是由于若因本职工作过失等，导致客户有损失，我们需要承担相关法律责任。

保险经纪人这个工作比我想象的难。平日里，我主要负责为客户调研、查勘，订立方案并同理想的保险公司进行询价议价，订立保险合同，协助客户进行保险事故的理赔，为客户提供保险培训等。

在我看来，国内保险市场还没有完全开放，并没有实现充分竞争。对于非传统专业险种，国内保险公司普遍缺乏承保经验，这正是我们保险经纪人的机会点。

@ 不囧
西南财经大学经济学专业，保险经纪人

娱乐

- 自媒体
- 影视
- 乐动

自媒体 We Media

每一个账号背后，都有一个热爱思考的灵魂。你们只看到我在微博上编的段子，却不知道“调侃吐槽”正是我表达观点的姿态；你们只看到我编辑“魔性”的表情，却不知道夸张里有我无声的呐喊；你们只看到我“脑洞大开”的混剪拼接，却不知道短暂的几分钟里蕴含着改变突破的渴望。“别人笑我太疯癫，我笑他人看不穿。”每一个发声者都自成媒体，每一个人都可以为自己代言。

01

2019 年
自媒体人
月营收情况

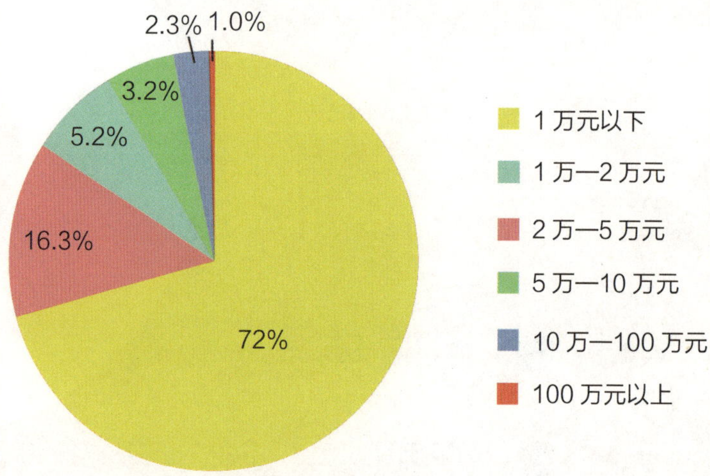

02

第一代知识付费平台	第二代知识付费平台
喜马拉雅、得到、知乎、蜻蜓 FM、豆瓣、十点读书等	百家号、抖音、今日头条、快手等
特点：垂直类 APP，以音频、听书为主，自研课程买断版权	特点 : 综合类 APP，领域多元，视频和直播居多，平台提供变现工具

用户的付费行为表达了自身态度，并能促使内容质量不断提高。

2021 年中国知识付费平台

03

2015 —2021 年中国知识付费用户规模

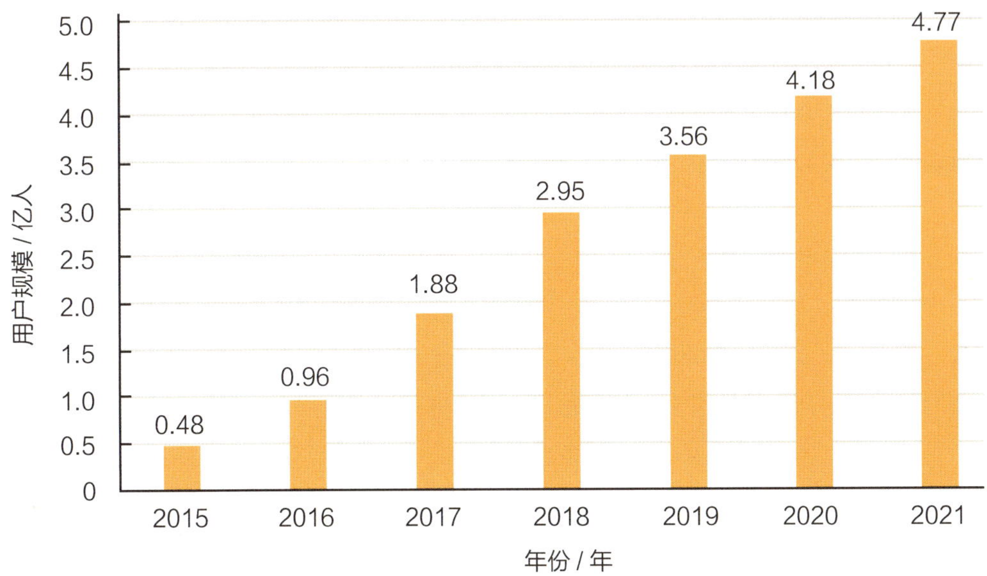

听他说

做新媒体运营，最重要的是培养互联网思维和新媒体思维，如免费思维、流量思维、极简思维、用户思维等。我曾策划过数次“三月女王节”评选活动，采取投票方式推广微信公众号或短视频号，并获取新粉丝。投票的吸粉原理在于趋利、参与感和“虚荣”。

趋利即用奖品或红包吸引人；有人报名则会拉人投票，带动更多人参与进来；这里的“虚荣”并非贬义，而是人们渴望被认可的本性。有的活动效果一般，没有一口气吸引十万、百万粉丝，但胜在稳扎稳打，慢慢积累人气。活动无论大小，各有很多点可以完善并玩出精彩。一个小举动或一个更改的小环节，可能最后能产生意想不到的效果。

@ 姑婆
中国海洋大学市场营销专业，新媒体运营总监

我做过大约一年时间的舞蹈主播。第一天上班时，我站在逼仄的小屋里，待设备调好后开始直播。然而两个小时过去了，我的手臂无数次打到墙壁，观看的人却不超过 10 个，自己灰心走神时还被监督的人批评不敬业，我感到非常委屈。

随着经验的增加和资深主播的指点，我逐渐能找到合适的镜头角度，才艺展示时多了几分自信，聊天技能也有所提高。4 年前我开始经营自己的账号，每周在固定时间段直播。现在通过直播积累的粉丝量，足以让我开办一个规模中等的私教班。

@ 雨小妹
河北传媒学院舞蹈表演专业，舞蹈主播及策划

将网络写作或自由撰稿人当成职业，最重要的是明确目标和评估效率。为何需要粉丝？如何确定品牌认知度？怎样做好一个自媒体？不断在创作全过程中问自己这些问题，以便校准方向。

爱写作的人大多也热爱阅读，偏好记录读书笔记。若按照一周一本书的评论，不仅更新频率低、点击率或可能不高，距离实现自媒体既定社会与经济目标也遥遥无期。直到看到一篇爆款文后，我才明白，自媒体人若在没有名气时，应该优先着力提高文章的点击率。因此，我开始努力提高写作质量，制作足够吸引人的标题，不断改进写作表达技巧，寻找新的突破点。后来，千人点击、万人点击、“10 万 +”也就极有可能了。

@ 小小盆栽
重庆师范大学新闻学专业，自媒体平台签约作者

影视

Movie & Television

大头贴 1 号 + 手枪 + 大头贴 2 号 = 犯罪故事，观众脑补的；人造岛屿 + 人造 relationship+ 可控的自然生长 = 楚门的世界，剧组设计的；3D+IMAX+ 音响 = 站在主角位，画面误导你的。都是假的？不，眼睛的“胳膊肘”虽然在拼命往外拐，你的大脑却让你看清了自己。

01

专业	院校推荐	就业方向
汉语言文学	四川大学 北京语言大学	编剧
动画	中国传媒大学 吉林动画学院	影视特效师
艺术设计	中国美术学院 四川文化艺术学院	影视后期合成
广播电视编导	北京电影学院 重庆大学	影视制片人
数字媒体技术	浙江工业大学 江南大学	剪辑调色师

与影视相关的专业除了文学与艺术类，还有理工类，如数字媒体技术相关专业。这类专业的学生就业方向广，电视台、影视公司、广告公司、传统媒体等均可考虑。

关注影视领域专业推荐

02

2019 年全国城市电影票房 Top10

2019 年，四线城市票房增长率超过 20%，成为最活跃的电影市场，但票房收入占比依然以一、二线城市为主。

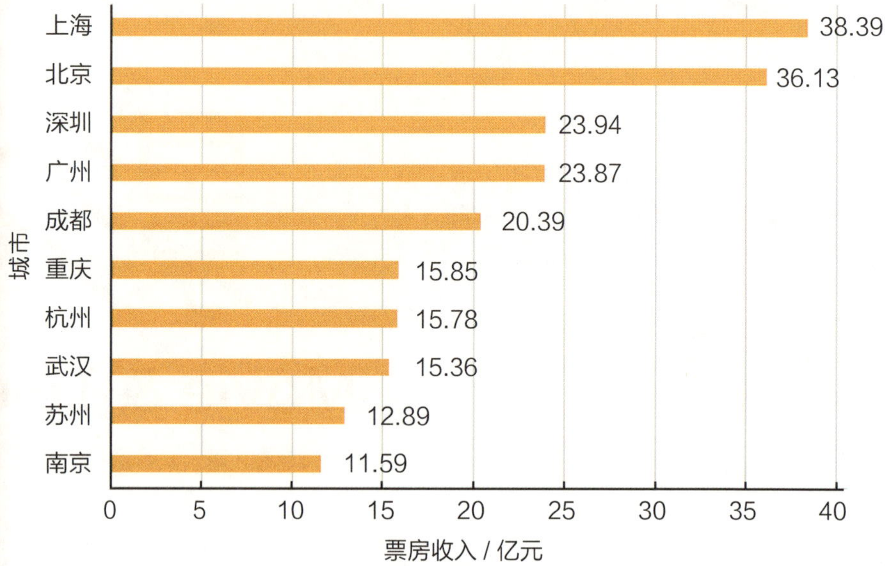

03

2019 年上新网络剧有效播放 Top10

霸屏网络剧中，古装类型占半数，以《庆余年》等为代表。网络剧表现亮眼，一个重要原因在于省级卫视首播电视剧时间有限，且对题材、集数等限制较多，视频网站成为承载电视剧的主要力量，这也在一定程度上提高了网络剧的质量。

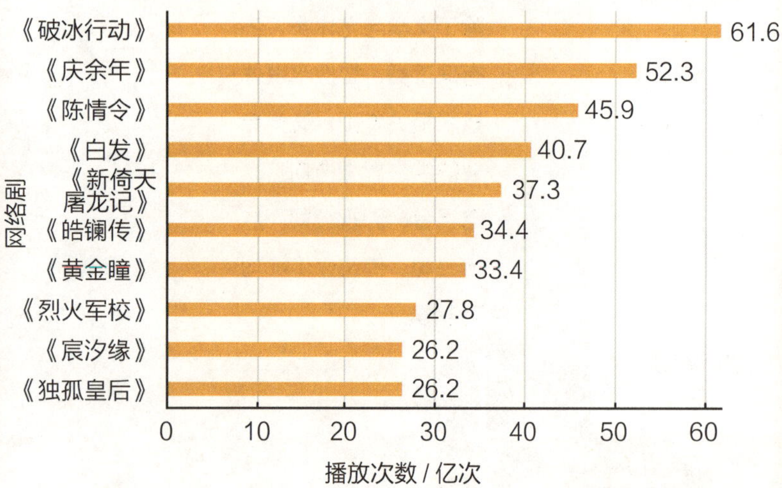

听他说

眼疾、手快、心细是电影调色师的基本素养。

电影拍摄是一项十分复杂的工作。即便同一场景，不同镜头的布光和色彩也很难保证完全一致；若涉及大量机位运动和场面调度，处理难度就更高了。调色师面对数量众多、情形各异的镜头，要在较短时间内对画面的各个要素进行分析，以较快速度调出预期的色彩风格，保证同一场景内各个镜头的色彩一致。

高手能发现细节瑕疵并加以修正，量变引起质变。要达到高手的层次，不仅需要敏锐的洞察力，更需要较高的艺术修养和长年累月的工作经验。

@ 萨克尤里
江南大学数字媒体技术专业，电影调色师

我所在的公司对每一个电影项目都会设立一名特效总监，由他做特效技术方面的总负责人。特效总监之下，有几位项目负责人，分别负责不同部门，每个部门又分为若干小组，每个小组分配若干镜头。

电影的特效分工之所以复杂，是因为镜头的特技多种多样，每个部分又有先后顺序。以角色为例，一般是先建模，然后添加动画，接着将含有动画数据的场景文件交给灯光和材质部门。角色动画渲染出来后，交由合成部门将真实画面素材和 CG（计算机图形）特效素材合成，最后出成品。

特效成果与技术能力、时间长短和准备工作等均息息相关。

@Scott
苏州大学艺术设计学专业，影视后期特效

若想看电影，我会选择早起，挑拣优质影视剧拉片。或读各种短篇小说、心理学书籍，了解人物内在逻辑。对于职业编剧来说，灵感是职业水准的体现，积累灵感线索，需要细水长流的功夫。若选择写作，我也会早起，中午停笔，保证写作时头脑清醒。

我不喜欢限制自己写的题材，不刻意拒绝自己感兴趣的故事，永远保持好奇心。那种不知道什么会在何时找上自己的感觉很棒！

在我看来，做编剧很像一个卧底行动，或化身人间摄像机，以另一种方式、从另一个角度去经历众多的人生。编剧是观察者、呈现者，不是造物主，所有的创作都来自生活。

@ 妮妮
北京电影学院戏剧影视文学专业，编剧

乐动

Music

小A在一首歌下评论：这首歌我听了10万多次，因为害怕再也回不去、再也见不到，那便用音乐留住美好的曾经，告诉你，I miss you so much！认真帝B：按照10万次算，歌曲时长3.5分钟，即3.5×10^5分，一天是60分×24时=1440分，3.5×10^5分÷1440分≈243天，如果一天平均播放单曲12小时，要听486天。验证君C：我竟然用计算器认真检查了一遍，没错，全对！

01

关注音乐领域
专业推荐

专业	院校推荐	就业方向（音乐领域）
音乐学	济南大学 首都师范大学	在中小学、社会文艺团体、艺术研究单位和文化机关等从事音乐教学、研究、评论、管理类工作
音乐表演	郑州大学 广西艺术学院	在电视台、歌舞剧院(团)、电视剧制作中心等从事演唱、创作和音乐制作等工作
作曲与作曲技术理论	云南艺术学院 四川音乐学院	在音乐、娱乐等传媒公司从事作词、作曲或乐器表演等工作，也可发展为专业歌手和音乐创作人
录音艺术	北京电影学院 浙江传媒学院	在电影制片厂、剧场、音乐厅、音乐制作公司、音像出版社等从事录音师、音效制作、音乐合成等工作

随着现代科学技术的发展，自然科学与人文社会科学日益相互交融，音乐艺术已逐渐成为具有广阔发展前景的朝阳产业。

不同院校的专业方向略有区别，不同方向专业的学制时间亦不同。建议有意向的考生多关注本省政策、了解目标院校的招生简章和校考政策，选择适合自己的学校和专业。

02 2018—2021年 海外音乐行业典型融资部分案例盘点

时间	企业	定位特色	轮次	融资金额	投资机构
2021年6月	Gaana	印度音乐流媒体公司	战略投资	4000万美元	腾讯投资
2020年6月	AIVA	AI音乐公司	战略投资	数千万人民币	网易云音乐
2020年5月	Warner Music	全球第三大唱片公司	战略投资	2亿美元	腾讯投资
2019年10月	MX Player	媒体播放器	战略投资	1.108亿美元	腾讯投资
2019年7月	Headfone	印度社交音频平台	战略投资	—	复星锐正资本
2019年3月	Boomplay	音乐流媒体服务平台	A轮融资	2000万美元	麦星投资、云时资本
2018年5月	SoundHound	美国音乐识别应用开发商	战略投资	1亿美元	腾讯投资、美的集团、HYUNDAI资本、Daimler、France Telecom
2018年1月	Round Hill Music LLC	独立音乐版权代理商	B轮融资	2.63亿美元	—

03 2018—2022年 中国音乐行业典型融资部分案例盘点

时间	企业	定位特色	轮次	融资金额	投资机构
2022年9月	幻次方工作室	古典国风音乐人IP运营商	战略投资	—	小米集团
2022年2月	冠声文化	声音文化产品及IP衍生制作商	战略投资	数千万人民币	腾讯音乐娱乐集团
2021年7月	不要音乐	一台校园音乐“网红挖掘机”	战略投资	—	字节跳动、小米集团
2021年2月	AI音乐学院	互动式音乐教学平台	A轮融资	数千万人民币	网易有道
2020年4月	有度文化	原创内容创作	Pre-A轮融资	数千万人民币	哔哩哔哩
2019年9月	网易云音乐	专注于发现与分享的音乐平台	B+轮融资	7亿美元	阿里巴巴、云锋基金
2019年2月	豆瓣FM	音乐流媒体产品	战略投资	数千万人民币	腾讯音乐、挚信资本
2018年10月	Finger	个性化音乐线上教学	B轮融资	1亿人民币	绿城服务、硅谷银行

听他说

做影视配乐，每个人的方法都不太一样，目前不存在标准流程。

一般来说，我会和导演、制片人等谈新项目，签保密协议、看样片，并且明确片子的风格和时长。如果对方有需要，就把自己的录音样带发过去，一切都谈妥了就签合同。各个 CUE（一种设置在特定时间点触发演员开始表演或效果开始运作的提示）的位置和风格需要与导演面对面明确，出电视节目演播次序表后正式开写，其间自己也要监督助手并给出修改意见。

写完一卷或全片后，要和导演面对面确认需要修改的部分。写、确认、修改，这个过程一般会重复若干次，直到全部CUE 通过后，开始找棚和乐手，着手录音、混音。导出所有的Stems（按音色分类保存的文件）并发送给混音师后，我的工作就基本完成了。

@Molho
上海音乐学院作曲与作曲技术理论专业，影视配乐

作为节目的音乐总监，我算得上翻红金曲的幕后功臣，但一直坐在幕后角落里。

我认为歌手要有所突破，得逼一逼自己。在我看来，一档音乐节目的魅力在于让歌手直面挑剔的观众和挑战，在这种良性的“厮杀”中置之死地而后生。

做音乐一定要做满、做全，这是我的原则。我曾同时做过三档音乐节目的音乐总监，那一整年我基本上每天只睡三四个小时。在我看来，音乐非常好玩，我时常搜集、学习各种新鲜乐器，在电脑前、录音室一待就是一整天，享受把音乐玩出花样的过程。

@ 木白羽
美国纽约市立大学电影专业，音乐总监

我从小学习古筝，每天坚持练习，10 岁时便达到了专业 10 级水平。后来，我成功考进南京艺术学院音乐系就读音乐教育专业，并跟随教授继续学习古筝。毕业后，我在一个培训中心教授古筝、古琴。每当自己的学生参加高考取得优异的成绩时，我便由衷地为他们高兴且自豪。

在我看来，教育事业是良心事业，我愿继续用爱和音乐呵护、陪伴孩子们成长。

@ 勤劳的小朵
南京艺术学院音乐教育专业，古筝培训老师

游戏

3

- 电子竞技
- 桌游
- 影游联动

电子竞技

Electronic Sports

当人类的好胜心撞上"第九艺术"电子游戏，体育竞技的范畴被重新定义。键盘鼠标是最酷的赛场，手机平板乃小试身手的舞台。有人背靠"世界树"绝处逢生摘得桂冠，也有人沉迷厮杀"两耳不闻窗外事"。玩物"丧志"还是玩物"尚志"？你的世界你做主！

01

关注高校电竞领域专业推荐

目前国内已形成"本科—大专—培训机构"为主的电竞教育体系。

2018 年，由全国高等院校计算机基础教育研究会、中国传媒大学动画与数字艺术学院牵头成立了中国高校电子竞技联盟，以促进电竞专业人才培养、学术建设，打造集参赛、直播、学习、交流于一体的高校电竞联盟网络平台。

相关专业	推荐院校	培养方向
电子竞技解说（继续教育培养方向） 主持舞台设计（继续教育培养方向）	上海戏剧学院	国内第一个电子竞技舞台设计专业，包括电子竞技主持解说、电子竞技舞台设计两大方向
艺术与科技（数字娱乐方向）	中国传媒大学	主要培养游戏策划与电子竞技管理人才，着重培养策划、运营等方面的能力
数字媒体技术（游戏设计技术方向）	中国传媒大学	培养有编程功底、熟悉游戏产品开发流程、有创新游戏策划能力的人才，毕业后能从事游戏设计、策划、管理等工作
艺术与科技（电竞游戏策划与设计）	南京传媒学院	拥有国内首家电竞学院，主要培养游戏策划和电子竞技运营与节目制作人才
播音与主持艺术（电竞解说方向）	上海体育大学	隶属于播音主持系，韩语、高数是必修课
电子竞技运动与管理	锡林郭勒职业学院	主要培养教练、战术分析师、裁判等电竞行业从业人员

2015—2019 年中国电竞用户规模

02

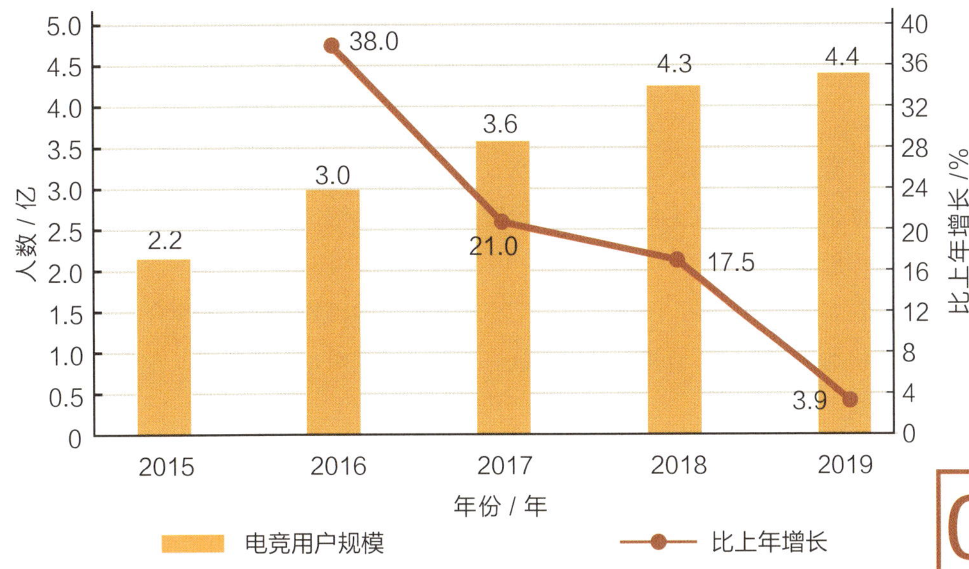

中国电竞用户突破 3 亿后，电竞开始走上大众化道路。爆款产品的推广与普及吸引了众多电竞游戏新用户，为电竞衍生市场带来巨大的增长空间。

03

2019 年 全球十大电竞赛事奖金榜

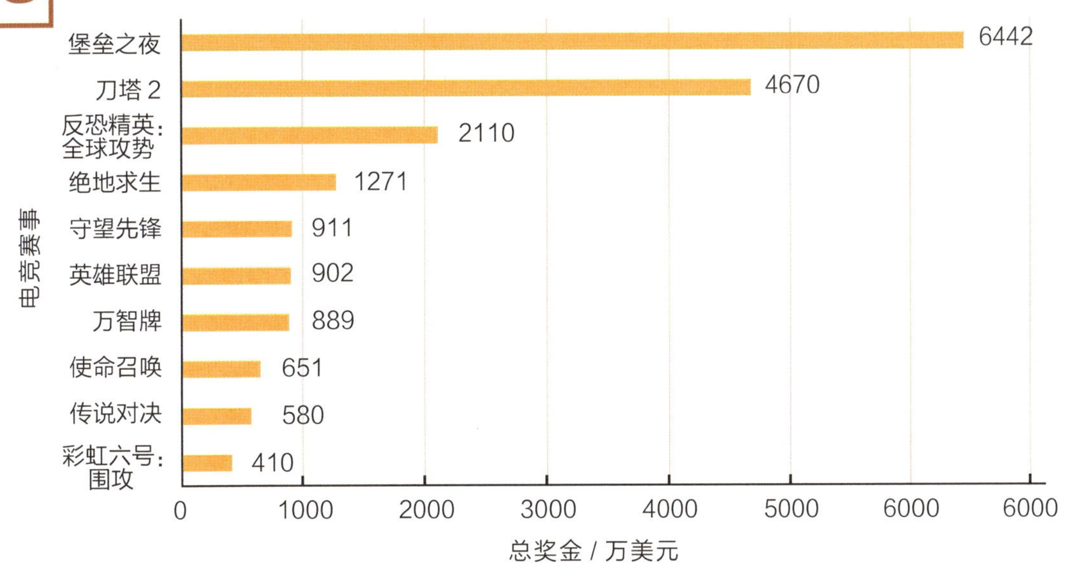

听他说

如果你和我一样，游戏打得不错，恰好又喜欢与人分享游戏体验经历，那么电竞主播或许是个适合你的职业。如果你认为电竞主播就是工作玩游戏，愉快地沉迷其中就能收获粉丝和高薪，那我只能说："你想得太简单了！"

电竞的魅力不仅在其激烈的战斗、酷炫的招式，更在于策略的谋划、团队的配合。要想做好主播，首先得成为优秀的选手。不直播的时候，认真研究游戏逻辑是必修功课，专业性若是不够，又怎能从"八线主播"晋升为"当红一线"，升职加薪成为"真英雄"呢?

@ 飞翔的土锤
武汉大学计算机科学与技术专业，电竞主播

"打游戏赚钱""一战成名"让众多游戏爱好者渴望成为职业选手，而在真实的职业世界里，一切以成绩说话，长时间高强度的训练是家常便饭，残酷的竞争、极高的淘汰率，让处于金字塔尖的永远只有一小部分人。

我们的战队基地位于一个幽静的别墅小区，每次推门进入，迎面而来的都是激烈的键盘敲击声和队员们在游戏厮杀中发出的呐喊声。每天训练十几个小时，教练、数据分析师会根据我们的特点进行分析和指导。

游戏的乐趣在机械重复的训练中逐渐被消磨，能坚持下来的只有少数人。可那又如何？职业选手心中有不灭的冠军梦！坚持也是一种乐趣。

@ 蓝色的大胖子
上海体育大学体育经济与管理专业，职业选手

我是一个热爱游戏的非专业选手，尽管不可能成为职业选手，行业内还有众多的职业可以供我选择。记者、导演、赛事运营官、节目编导等，合在一起才是完整的电竞产业拼图。成为一名电竞记者，是我追逐自己电竞梦想的目标。

摸索行业脉络、关注最新资讯，对每一位即将采访的对象进行全面且深入地了解，才能让自己站在一线前沿，无限接近采访对象并顺利完成采访任务。共同的爱好与追求让我能与职业选手们对上电波，专业的技能与素养让我能与教练、专家深入交谈，每一次采访都是修炼，每一次写稿都似逐梦。

@ 呆毛酱
四川大学新闻学专业，电竞记者

Board Games

桌游

在文字的世界里玩转智慧，塑身的小人化身“星际战士”，手起子落间买地起高楼……与文明同龄，在战后流行。因电子游戏而衰退，随德式设计获新生。面对面的桌游，耍狠拼稳或“烧脑”。小打小闹是与好友“互相伤害”，步步为营乃为高手斗智斗勇，一步一乾坤，一桌一世界。和会玩的人一起做好玩的事儿。你，要不要来?

桌游产业内涵分析

产业内涵	涉及专业
设计与策划	动画、经济学、教育学、艺术设计、工业设计、计算机
宣传与发行	编辑出版学、市场营销、广告学、传播学、金融学、统计学
二级市场与桌游吧	社会学、心理学、管理科学、艺术与科技

01

桌游内容覆盖面广，完整的产业链涉及专业方向多样，是一个综合性领域。对桌游感兴趣的考生可根据职业发展规划选择专业方向。

著名世界级桌游大奖

奖项	简介
德国年度游戏大奖(SDJ)	世界上最有影响力的桌游奖，偏重家庭型桌游。奖项为一个获奖者和两个提名者，后调整为“年度桌游奖”“儿童桌游奖”和“鉴赏家桌游奖”
德国游戏奖(DSP)	“玩家主导型”奖项，弥补了SDJ偏重家庭型桌游的局限性。每年评选桌游前10名和1名“儿童桌游”获奖者
法国 Golden Ace Award (As d'Or 奖)	涵盖内容广，主要为大众奖、专家奖和儿童奖，3个组别相互独立，每年评选10个提名奖和1个最终获奖者
金极客奖（The Golden Greek Award）	完全由网络论坛注册用户评出，反映一般玩家的看法，由于BGG桌游论坛地位不错，奖项含金量不算低
国际玩家大奖（IGA 奖）	“资深”玩家评选，“硬核”类奖项，奖项分为“多人策略类桌面游戏”“双人策略类桌面游戏”“历史模拟类桌面游戏”3类，商业性很低，强调国际视野和高质量
门萨选择奖（Mensa Select）	俗称“最佳动脑奖”，非常强调智力挑战性，评选标准包括挑战性、原创性和设计性

02

03

2020年 BGG桌游排行榜 Top10

名次	原名	中文名	发行年份
1	Gloomhaven	幽港迷城	2017
2	Pandemic Legacy: Season 1	瘟疫危机：传承第一季	2015
3	Terraforming Mars	火星改造	2016
4	Brass:Birmingham	工业革命：伯明翰	2018
5	Through the Ages: A New Story of Civilization	历史巨轮：文明新故事	2015
6	Twilight Imperium（Fourth Edition）	帝国曙光（第四版）	2017
7	Star Wars:Rebellion	星球大战：叛乱	2016
8	Twilight Struggle	冷战热斗	2005
9	Gaia Project	盖亚计划	2017
10	Great Western Trail	西部之路	2016

注：BGG，全称Board Game Geek，即“桌游发烧友”，为全球最有影响力的桌游网站。

听他说

怀着对桌游的热爱，我离开家乡到深圳开了自己的桌游店。因为喜欢，我一直关注着桌游的动态，不停更迭热门游戏。10 年下来，我的店从郊区老街搬到了市中心，自己也从普通玩家蜕变成资深从业人员。

2015 年是突破自我的一年，也是关键的一年。我从尝试游戏代理到桌游批发，带领小团队亲自测试看中的游戏，再经调研后做出最后的选择。最终，我们得到了桌游圈的认可，代理的游戏中的文化不仅为国内游戏池充实了更丰富多元的内容，也为中文玩家提供了更多选择。

@ 阿拉宾
湖北大学市场营销专业，桌游代理与批发商

我在广告公司担任过近 15 年的艺术总监，成为一名自由平面设计师后，桌面游戏设计成了我最大的爱好。

我设计的游戏都是德式的。与其他设计师不同，我擅长将主题代入感做得鲜明和具象化。在我看来，除了交际和娱乐，游戏还是传递世界观和价值观的重要载体。游戏的平衡性非常重要，这也是我每次设计时重点关注的内容，让游戏的每一局都充满新鲜感，是一个德式策略游戏应该具有的素质和策略。

@Vital
里斯本大学广告学专业，桌游设计师

我毕业后，回家开了一个小桌游吧。桌游吧利润不高，若非真正热爱，很少有人能坚持起早摸黑辛苦工作。

在我看来，桌游吧的核心竞争力是服务。对于桌游玩家来说，除了环境的细微区别，在哪里都能玩。我的顾客，玩社交游戏的最多，而我则是什么游戏火就做什么游戏。狼人杀每天必成局，德州扑克、麻将也比较受欢迎。

本着“前期做好调查与选址，开店后服务到位，人员专业且情商高，在本地针对性推广”的经营思路，我的第一批粉丝终于逐渐稳定。当然我知道，更长久的战斗在前方等着我。

@ 陆小小
郑州大学工商管理专业，桌游吧老板

影游联动

Intellectual Property

《生化危机》的游戏粉还在僵尸世界里“刷着怪”，大荧屏覆盖下的影视迷已折服于其故事的魅力。“钱景”光明的影游联动，“花千骨”之后却少有人能“微微一笑很倾城”。是玩家欠游戏一张电影票，还是影迷欠故事一个游戏 ID？谁又将再现曾经的“王者荣耀”？

01

关注影游联动领域专业推荐

专业	院校推荐	就业方向（影游联动相关）
数字媒体艺术	中国传媒大学 四川美术学院	影视策划与制作、游戏剧情策划、角色设计、场景原画、UI 设计等相关岗位
计算机科学与技术	上海交通大学 南京邮电大学	游戏研发主程、手游客户端开发、游戏前端逻辑开发、服务器 / 客户端框架的优化与扩展等相关岗位
工业设计	浙江大学 武汉理工大学	IP 周边衍生品、文创产品、贵金属衍生品等相关产品设计制作岗位
统计学	武汉大学 东北师范大学	产品经理、精细化运营、大数据分析、个性化推荐工程师等相关岗位
传播学	中国人民大学 西南政法大学	IP 商务、游戏推广、消息推送、专题活动策划等相关岗位
市场营销	江西财经大学 重庆工商大学	跨界营销策划、广告创意策划、制定品牌理念、落地推广等相关岗位

02 2021 年全球最赚钱的电子游戏 IP

排名	IP 系列	诞生年份	总收入 / 亿美元	IP 拥有方
1	精灵宝可梦	1996	1090	宝可梦公司、任天堂
2	马里奥	1981	348	任天堂
3	使命召唤	2003	270	动视暴雪
4	吃豆人	1980	154	万代南梦宫
5	地下城与勇士	2005	153	腾讯、Nexon
6	太空侵略者	1978	139	TAITO
7	魔兽	1994	134	动视暴雪
8	王者荣耀	2015	134	腾讯
9	英雄联盟	2009	124	腾讯
10	Wii 系列游戏	2006	123	任天堂
11	穿越火线	2007	122	腾讯、Smile Gate
12	FIFA	1993	119	Electronic Arts
13	最终幻想	1987	119	Square Enix
14	天堂系列	1998	113	NCSoft
15	侠盗猎车手	1997	109	Rockstar Games

注：IP 是 Intellectual Property 的缩写，即知识产权，在互联网领域，可特指具有长期生命力和商业价值的跨媒体内容运营这种商业模式。

03 IP 改编典型案例

改编路径	代表 IP	分析
网络文学 IP →游戏	花千骨 琅琊榜 择天记 斗破苍穹	文影游三者联动，“快餐式”文化消费品，游戏后续易表现无力
古典武侠文学 IP →游戏	笑傲江湖 射雕英雄传 倚天屠龙记 楚留香传奇	生命周期长，受众往往横跨数代人，但因推出时间较长，无法实现流量短 期爆发
动漫 IP →游戏	海贼王 火影忍者 妖精的尾巴 十万个冷笑话	动漫 IP 改编用户具备高付费能力，用户覆盖面广，保证了用户的高质量，提升了动漫 IP 改编游戏的成功率
原生影视 IP →游戏	捉妖记 武林外传 倩女幽魂 功夫熊猫	经典、高口碑、具备长尾话题效应的 IP 更受宠，游戏产品须保持高质量以放大 IP 优势
游戏 IP →影视	寂静岭 洛克王国 生化危机系列 仙剑奇侠传系列	好莱坞大银幕改编作品，普遍“重口味”，国内游戏改编率先从小荧屏入手，易被忽视的儿童类动画电影常成为出乎意料的胜者

听他说

Adobe 系列的软件是我最亲近的朋友。在完整理解 IP 品牌形象特征和品牌定位的基础上，我负责根据不同的主题，设计 IP 风格，包括造型、表情、服饰、徽章、图标、标签、底纹、边框、背景等。IP 衍生商品和包装也要设计。

要做好这份工作，动漫衍生品的常见品类和材质、工艺必须了解。只要有漫展，我一定会参加。各式各样的周边衍生品或创意十足，或制作精美，或深藏情怀。当然我的支付宝里，余额也随着步数的增加而不断减少。

一年里的漫展次数有限，业余时间，我常在线上看周边，偶尔发现让人眼前一亮的产品能兴奋好半天。做我们这一行的，工作时间越长，就越会相信灵感源于生活。

@ 冬米
西安美术学院艺术设计学专业，IP 衍生品设计师

每一个手办都由一张参考原画设定，制作时每家公司的标准都不同。有的会尽可能还原原画的动作细节，有的偏向原型师展现个人风格，发挥更自由。我比较偏向后者，喜欢超越原画的表达和意境——从各个角度考虑平衡性，把原画未呈现的和一些看不到的角度加以创作和表现。

我认为作品优秀与否不在于手办自身的造型，而在于原型师的心境。我们是第一个审视作品的人，作品首先必须通过自己这一关。手办这个行业起步比较晚，对所有想成为原型师的朋友来说，大都需要付出很多的努力。

@King
同济大学工业设计专业，手办原型师

通过社交媒体的传播和放大来培育 IP，是一种有效的品牌孵化方式。

漫画 IP 的推广比较特殊。在社交媒体上，可以用四格漫画完整呈现一个故事，以单元叙事的方式让大家了解我们的画风、故事类型和编剧能力。

对泛二次元作品来说，多元文化认同意义重大，每一位参与创作的小伙伴都是我心目中的小天使，他们用自己手中的笔写下了对作品的爱。

身在创业公司，与一群志同道合的同龄人一起为爱与梦想工作，还有什么比这更能让人满足的呢？

@ 清醒的巧克力
吉林师范大学统计学专业，IP 运营推广

旅游

4

- 线上旅游
- 景区
- 酒店 & 民宿

线上旅游

Online Travel

人一生至少要有两次冲动，一次为奋不顾身的爱情，一次为说走就走的旅行。恋爱也许需要一些缘分，而旅行可以随时开始。打开马蜂窝网站看旅行攻略，确定旅行目的地，然后打开去哪儿网，下单机票或火车票，在飞猪旅行网上订酒店，在淘宝淘几件好看的衣服，前后不过 10 分钟，全部搞定。前路迢迢，说走就走，我要的现在就要！

2019 年入境游十大热门城市

名次	城市
1	上海
2	北京
3	广州
4	深圳
5	成都
6	杭州
7	青岛
8	南京
9	西安
10	厦门

2019 年出境游十大热门目的地

名次	国家
1	日本
2	泰国
3	美国
4	新加坡
5	马来西亚
6	澳大利亚
7	越南
8	英国
9	印度尼西亚
10	法国

02 线上旅游产业结构链

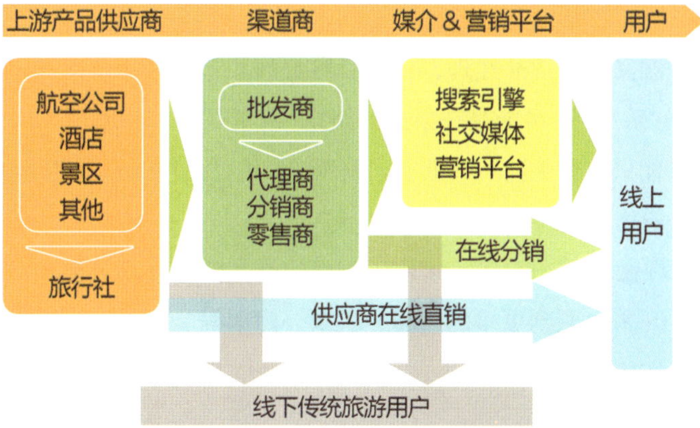

目前，依托互联网，以满足旅游消费者信息查询、产品预定及服务评价为核心目的的在线旅游平台新产业正处于快速上升期。

该产业主要借助互联网，与传统旅游产业形成巨大差异，被旅游从业者称为“在线旅游”。

03 在线旅游产品对比分析

相关应用	Slogan（宣传语）	特性
携程旅行	携程在手，说走就走	中高端商旅出行预定、企业差旅平台
去哪儿旅行	总有你要的低价	实时搜索比价、当地人、骆驼书等
马蜂窝	全球旅游消费指南	酒店预定、旅游问答、当地游、自由行交易平台、未知旅行实验室等
同程旅游	快乐每一程	景点门票预定、农家乐、1元景点、10元度周末等
途牛旅游	让旅游更简单	牛人专线、公司游、小包团等
飞猪旅行	比梦想走更远	每日特惠、“未来酒店”计划、信用住、分期购等

听他说

旅游行业的产品经理不是通常意义上的产品经理，你不必参与到某款产品从设计到开发再到上线的整个过程，而是负责一个旅游产品（可能是一条旅游路线，或者是一个“机＋酒”套餐）的采购、打包、上线。在这期间，你只需要关注产品质量、利润空间以及销量。产品质量是旅游产品的核心要素，用户体验是旅游产品的最终目的。

OTA（在线旅行社）说到底是在做电商，GMV（多用于电商的商品交易总额）至关重要。老板只需要你发展更多的供应商，旺季争取到更多的房间、机票、门票等。这份工作能让你积累一定的旅游行业资源，如果你想在旅游行业发展下去，经验毫无疑问是有一定帮助的。

@ 左诚
东北大学工商管理专业，某旅游网站产品经理

我在一家私人旅行定制公司做旅行设计师。旅行设计师听起来“高大上”，工作却并不轻松。我的客户大多是要出国旅游的，客户在国外会有时差，因此“睡个安稳觉”成为我的奢求。

在工作上，我需要精确了解客户需求，设计客户满意的旅行线路，和供应商砍价，和“地接”及时沟通，24 小时在线解决客户在途中遇到的各种问题，实时关注全球有无恐怖袭击或暴力犯罪等事件。

苦乐总是共存的。我可以抢到大量特价机票，有机会去世界各地现场“调研”，身体和心灵都一直在路上。

@ 浮云孤篷
厦门大学旅游管理专业，旅行设计师

海外客服专员这个职业实际上是“跟单”和“客服”的结合。我的工作就是在后台处理酒店订单、接客户电话、打电话给国外酒店代理催订单确认等。

就我一年的工作经历来讲，这份工作并没有特别高的技术含量，就连工作时讲的英语大多都是固定对话。由于某些原因，顾客一般不会直接找技术人员，只会优先找客服沟通。客服不仅要了解产品本身，还要学习和产品有关联的专业知识。

工作时一定要饱含热情，因为公司对电话量、客户满意度调查等有一定的数量和质量要求，这些考核关系到工资的数额。

@ 我一个人走阿走
西安外国语大学英语专业，某旅行网站海外客服

Scenic Area

景区

你能想象吗？现在连雍正帝都可以比着剪刀手“卖萌”了！故宫忽然变得“萌萌哒”，“高大上”的皇家文化与网络时代的调侃情趣紧密结合，“朕就是这样的汉子”成了网红金句。随着互联网的发展以及人们思想观念的转变，以故宫为代表的一批景区开始转变文创产品设计和营销思路，景区大变脸，要你“好看”。

相关专业	院校推荐	层次
旅游管理	云南大学 重庆师范大学	本科
旅游管理与服务教育	广东技术师范大学 重庆文理学院	本科
会展经济与管理	四川大学 浙江万里学院	本科
智慧景区开发与管理	石家庄铁路职业技术学院 山东旅游职业学院	专科

关注景区领域
专业推荐

01

02

2010—2019年国家5A级景区新增数量

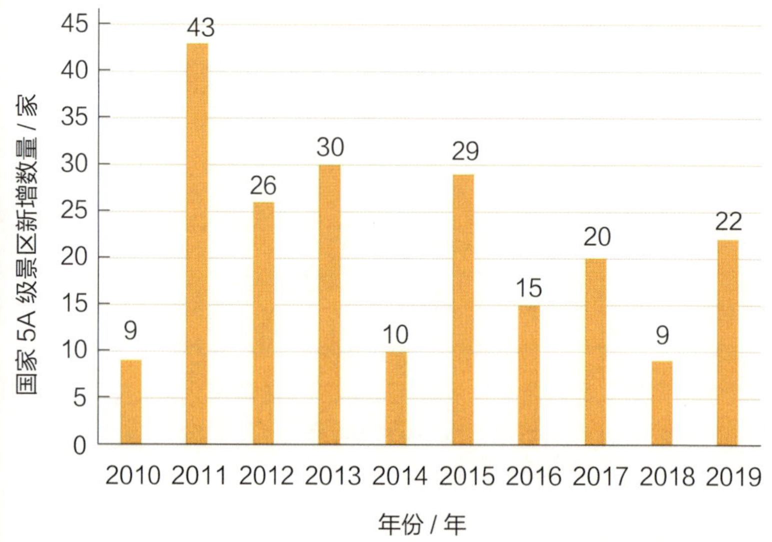

03

中国旅游景区开发历程

随着现代旅游业向多样性和参与性方向发展，旅游活动从传统的观光旅游扩大为休闲旅游、科技旅游、研学旅游、体育旅游等。为了迎合市场需求，景区类型也在不断创新。

听他说

上学那会儿，我们班 33 人报考导游证，31 人考试过关。当时大家都铆足了劲儿，经常自发组织模拟面试现场。考试内容为导游基础、导游实务、政策法规、汉语言文学，再加一门面试。导游实务较难，大部分是分析题。面试考查你的知识掌握程度和反应能力。

做导游后，我的体验特别“精彩”。我睡过地下室、按摩房；吃过山珍海味和猪食一样的山顶自助快餐；和司机开着一百多万空空荡荡的进口大巴，看着挤满了人的公交车大笑……我带过资产上亿的老板，也带过只带一百块钱出门连智能手机都不会用的老人。

有的同事在工作中找到爱人，也有的同事在工作中碰到衰友。总之，我的十年，简直是一部传奇。

@ 蒙面之城
湖南涉外经济学院酒店管理专业，导游

很多人会把旅游规划和旅游策划混淆。想要进入旅游规划这行，空间感是根基。在景区的规划中，每个景点的空间规模、视线的远近与透视关系是影响一个景区实际观感体验的重要因素。

我曾在中国城市规划设计研究院参加过一次考试，考试要求每位设计师画出 1cm、3cm、10cm 等线条，尺度感较差者直接被淘汰。当时我不理解为什么要考这样“弱智”的题目，后来李晓江院长在一次开会中解释说，规划师要具备较好的空间感，空间感落实到纸面上就是尺度感。没有这些，一切都是空谈。

@ yang Li
北京林业大学风景园林专业，旅游规划建筑师

计调要对自己负责的区域景点、酒店、餐厅、交通等情况了如指掌，我们公司的计调经理甚至可以预测某条高速什么时候堵车。

计调要搜集自己负责区域的旅游资源；根据市场环境，针对客户需求设计出相应可实施的线路；核算报价，每条旅游线路就是一个产品，每个产品的价格都是需要计调核算的。

旅游是个利润率较低的行业，这就要求计调在核算价格时务必保证价格的准确性和竞争力。出团前，计调需提前安排好导游、酒店、餐厅等；出团时，要应对各种突发情况；回团后，要做好账单，包括支出账单和收入账单。

@ 笨羊
湖南科技大学会计学专业，旅游计调

酒店&民宿

Tourist Accommodation

中国旅游住宿市场，5 年前是酒店的天下。今天，民宿成为后起之秀，大有与酒店“二分”天下之势。时代不同，市场风云变幻。抢占市场多年的酒店和共享经济火热下的新民宿，在这场标准住宿与非标住宿的战争中，谁将会是最后赢家？

01

关注酒店 & 民宿领域专业推荐

相关专业	院校推荐	就业单位代表
酒店管理	厦门大学 天津商业大学	万达文旅城
风景园林	北京林业大学 福建农林大学	R+G 景观设计集团
公共艺术	中央美术学院 湖北工业大学	中国公共艺术研究中心

02 民宿分类

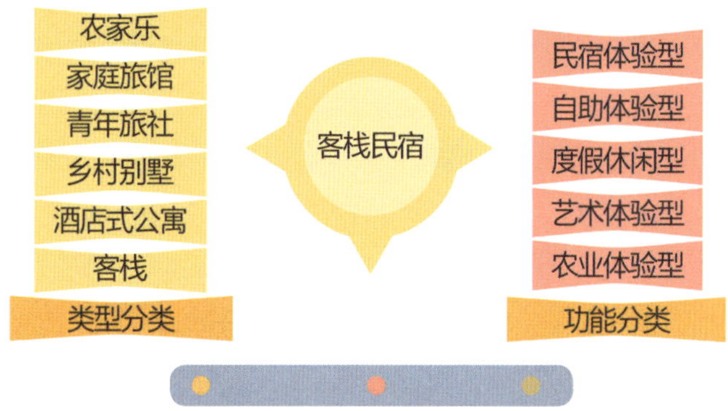

民宿是共享经济的产物，由个人业主、房源承租者或商业机构利用空闲房间，为旅客提供住宿。

从定义上来看，民宿和个人业主的短租业务有重叠部分，但从两者定位上来讲，民宿直面旅游需求，因此更注重地方特色的打造和舒适氛围的营造，是短租房的升级版。游客可在民宿中体验当地生活，与当地居民交流，感受人文情怀。

03 酒店 vs 民宿 软硬件设施对比

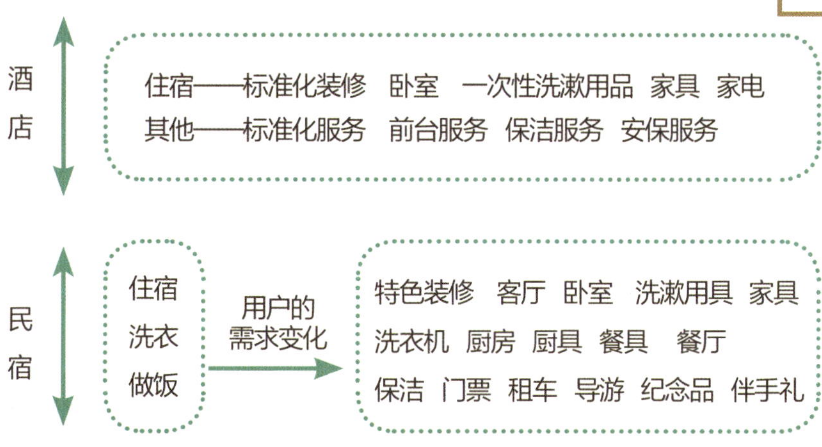

听他说

民宿不是“高大上”的五星级酒店，也不是谁家的后花园，它承载的，是一个人用双手创造自己理想生活的梦想，以及在逐梦过程中所付出的点滴努力。

理解民宿老板的人不算太多，因为快乐的背后流下了多少汗水，只有做过的人才知道。开民宿的想法一旦付诸实践，就相当于走上了一条漫长的泥泞之路，随时可能摔倒，随时可能累趴。

找房子之前，要做市场调查，要寻找合伙人，向同行咨询……确定目标后，又得一阵风似的跑到当地找房子、熟悉环境。签订房屋合同后，随之而来的是各种物品的采购搬运、房屋内部的维护更改、房屋风格的转变等。你还要学会水电维修、急救常识、做饭、做账、五金活儿、采购、文案宣传……当然，这还远远不够。

@ 驿间

重庆师范大学戏剧影视文学专业，民宿老板

我目前在北京某家星级酒店做高级酒店销售经理。

确认行业非常重要。如果决定进入酒店行业，毕业找工作时，实习经验可以帮到你很多。刚上班时会比较辛苦，薪酬也比较低，这个行业注重经验，要做好吃苦的准备。接下来是确定部门。建议在校大学生利用寒暑假去酒店实习，争取在不同部门都实习一段时间，找到适合自己的方向。

朝目标努力要持之以恒。我毕业时进了万豪国际酒店集团公司的管理培训生项目，拿到毕业证后直接定岗 Sales Executive（销售主任）。由于有丰富的实习经历和实践经验，我的晋升比同时期入职员工早了一年多的时间。如果你真心喜欢这行，初期的阻碍也就没那么可怕了。

@ 十七

桂林理工大学酒店管理专业，某星级酒店高级销售经理

工作等同旅行度假？躺着还能赚钱？酒店试睡员一度被“神话”成世界上最幸福、最性感的职业。

要想做好这份职业，需要有细致入微的观察能力、体验能力。对于高星、精品酒店，除了上述要求外，试睡员对酒店品牌、酒店文化也需要有所了解。对奢侈品、高端餐饮、运动健康、度假体验等一系列会对入住体验产生影响的相关行业知识，也需要有所涉猎。

话说回来，这也是个怪圈。如果你对建筑风格、色彩搭配了如指掌，那何必做试睡员？

@ 马春林

厦门理工学院产品设计专业，酒店试睡员

建筑

5

- 设计装潢
- 城市规划
- 房地产

设计装潢

Design & Decoration

后现代美学再现艺术载体，或“脑洞大开”，或特立独行。有挑战你想象力的中央电视台总部大楼“大裤衩”，酷似鸟蛋的国家大剧院；海南凤凰岛球状的图腾，恰如一群正在航行的帆船；还有宜宾五粮液大厦，无锡茶壶大厦，以及外形酷似大甜甜圈掉了一半到水里的湖州喜来登温泉度假酒店……各种“烧脑”建筑设计层出不穷。

01

2019 年
我国部分省市建筑业企业总收入

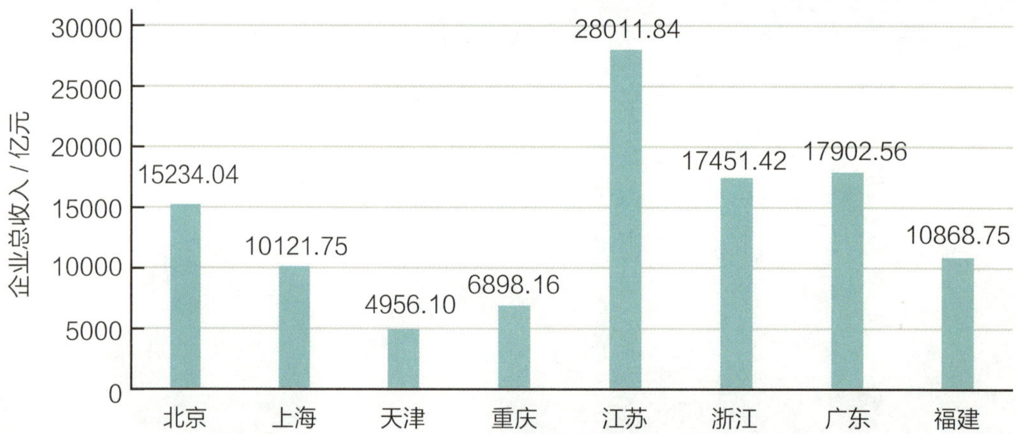

02 国内建筑设计领域部分代表企业

企业	主营业务	代表作品
中国建筑设计研究院有限公司	前期咨询 规划设计 工程管理	国家网球馆、广州东方博物馆
北京市建筑设计研究院有限公司	民用建筑设计 规划工程咨询	国家大剧院、北京东方广场
华东建筑设计研究院有限公司	建筑规划设计	上海展览中心、上海大歌剧院
同济大学建筑设计研究院(集团)有限公司	提供优质设计方案	北京奥运乒乓球馆、苏通长江公路大桥
天津市建筑设计研究院有限公司	建筑工程设计 城乡规划编制 工程招标代理	天津凤凰商贸广场、天津现代城

03 建筑视觉外观大师级作品概览

国内

设计者	作品名称	毕业院校	就读专业
雷姆 · 库哈斯（荷兰） 奥雷 · 舍人（德国）	央视总部大楼	哈佛大学 洛桑大学	建筑学
皮埃尔 · 德 · 梅隆（瑞士）	国家体育馆“鸟巢”	苏黎世联合工业大学	建筑设计
汪大绥（中国）	苏州东方之门	同济大学	城市建设工程
马岩松（中国）	湖州喜来登温泉度假酒店	北京建筑大学 & 美国耶鲁大学	建筑学
扎哈 · 哈蒂德（英国）	北京银河 SOHO 建筑群	建筑联盟学院	建筑学

vs

国外

设计者	作品名称	毕业院校	就读专业
圣地亚哥 · 卡拉特拉瓦（西班牙）	雅典奥运会主馆	巴伦西亚理工大学、苏黎世联邦理工学院	建筑学
古斯塔夫 · 埃菲尔（法国）	埃菲尔铁塔	巴黎中央工艺制造学院	土木工程
内藤多仲（日本）	东京塔	东京大学	建筑学
安东尼奥 · 高迪（西班牙）	巴特罗公寓	加泰罗尼亚省立建筑学校	建筑学
西萨 · 佩里（美国）	吉隆坡石油双塔	伊利诺伊大学厄巴纳－香槟分校	建筑学

听他说

在设计院工作了3年的我对设计行业深有体会。初入这行，觉得设计行业的工作比较单一，尤其是底层画图的人，只要对自己的图纸负责，再有就是跟甲方和施工单位进行沟通。但沟通讲究艺术与话语权控制，需要一定的情商。我认为配合对方与适当妥协，并兼顾底线是非常重要的。

除此之外，我们每天的工作就是对着电脑画图。说得“高大上”一些是人机交互，实际却是在不断地修改图纸。

设计这活儿需要心静，一条线也多不得。刚开始入行有点浮躁是正常的。当你静下心来，仔细推敲计算，配合指导施工，看着自己精心设计出来的建筑物逐渐成形后安全投入使用，这是对我们“匠人”最好的嘉奖。

@ 普雅
东南大学建筑学专业，建筑设计师

我常常和凌晨两点半的北京 Say“Hello”。

从进入北京地铁项目部到现在，我已经干了近3年的工程管理。刚开始，我以为工程管理就只是每天统计工程进展状况、相关施工活动进展，以及协调工程施工、工程量计划分配……实际接触工程管理工作之后，我发现和自己想象中的差距还是很大的。

这个工作也有积极的一面。作为工程施工前整体思路设计、工程进展规划的整体实施者，工程管理必不可少。即便让我鏖战到凌晨两点半，我也会有一种莫名的成就感。

@MR.CJ
中南大学测绘工程专业，工程项目管理师

如果只把 BIM 当作一种宣传动画，那么你就错了。BIM 是以工程为基础的一种技术，多应用在建筑设计领域。学习 BIM，开始我走了很多弯路，后来在各大网站搜寻资料自主学习，在社交工具上加了很多 BIM 大神向他们请教问题。经过不断努力，我从最初的墙柱梁板机电管道模型的建立，到钢筋插入，再到三维出图、剖面出图等全部掌握。

我还花费了大量的时间去研究结构受力计算、绿色分析等内容。虽然有些东西超出了我的专业范围，但是真停不下来，这就是兴趣的魔力。

@ 夜霏
北京建筑大学建筑学专业，BIM 工程师

City Planning

城市规划

东边植树，西边林。南边引水，北边湖。柏油大路通村头，城里“嘻哈”多稀奇，村里山珍干货好商机。至此城乡一体化，朝赶集、午逛园、饭后太极喜开颜。昔入城中一白昼，回首已是城中人。

01

相关专业	代表院校	就业单位代表
城乡规划	同济大学	中国城市科学研究会 城市规划研究岗
人文地理 与城乡规划	南京师范大学	政府规划管理部门 市政工程设计和管理岗
建筑学	天津大学	中国铁建股份有限公司 规划设计中心建筑设计岗
风景园林	北京林业大学	华润置地有限公司 园林景观设计师

关注城市规划
领域专业推荐

02

2022 年 我国城乡规划编制甲级单位分布

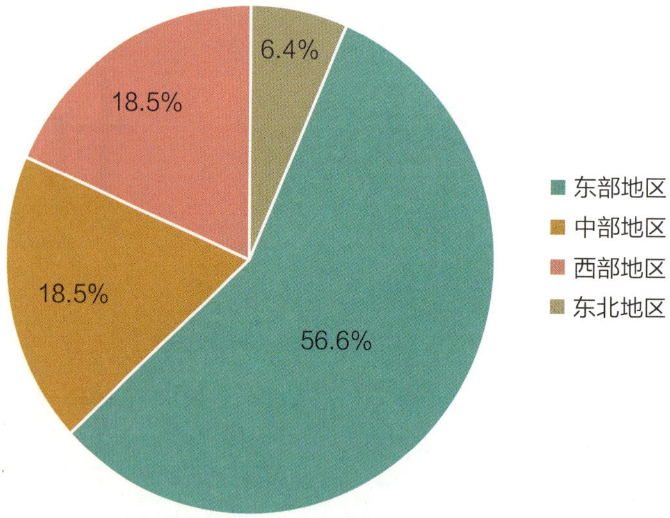

03

城市 CBD、EBD 和 RBD

CBD（中央商务区）	
类型	代表
高端服务业型 （如银行业、政府和企业总部等） 新型服务业型 （如广告、媒体等） 特定专门化功能型 （如教育、娱乐等）	北京朝阳 香港中环 深圳福田 广州天河 上海陆家嘴 成都天府新区 重庆江北嘴

EBD（生态商务区）	
类型	代表
资本密集型 智力密集型 生态可持续型	纽约曼哈顿上城 东京新宿 上海长风 重庆两江新区

RBD（游憩商业区）	
类型	代表
大型购物中心型 特色购物步行街型 旧城历史文化改造区型 新城文化旅游区型	北京庄胜崇光 SOGO 百货 上海第一八佰伴商厦 香港时代广场 菲律宾 SM SUPERMALL

听他说

规划是任何时期都需要的，不是画几张图或玩几个概念就能忽悠完事儿的。如今的城市规划对要解决问题的针对性越来越强。规划从业人员呈爆发式增长，以高校、第三方挂靠等形式涌现的设计院如雨后春笋，导致就业市场空间被压缩。

规划总体来说算是一门经验学科，观念的更新十分重要，专业性非常强。虽然本专业已不再大热，随着“美丽中国”理念的提出，中国在城市规划建设上的倾向和侧重会越来越明显。未来几年，城市规划专业仍然有巨大的市场向好机会。

@ 莫梦辰殇
武汉大学人文地理与城乡规划专业，城市规划师

“这个专业既要求有良好的审美能力，又要求有独到的创造能力，二者缺一不可。不能盲从，更不能想当然。”这是从事园林工作的总基调。

从本科毕业到攻读园林硕士，与园林朝夕相处的几年里，对园林的追问与思考让我的设计多了几分成熟。园林工程的基本出发点在于美化生存空间，主要目的是改造周边环境，在特定范围内建造具有艺术欣赏价值的绿地和风景建筑。

园林设计的核心在于“人”，终极目标是让人与自然环境和谐共处。设计过程中要最大限度地尊重自然，因地制宜。

@ 香雪梓铭
北京林业大学风景园林专业，园林设计师

几年前，我还是市政行业的“门外汉”，现在我是单位技术管理人员，参与城市建设发展的综合规划。我从青涩走向了成熟稳重。

“质量、安全、效益”是我们在工作中必须绷紧的弦。工程建设依靠的不是个人力量，必须有较高的团队意识，把各项施工任务、每一道工序都按照规范和要求密切结合。

市政工程看似简单，实则对测量技术的要求非常高。我们必须充分考量城市规划的潜在意图，将管理和技术相结合，严把技术质量关。

@ 贾人长
西南交通大学市政工程专业，市政工程师

房地产 Real Estate

有人说我是夕阳产业，早晚都得“走”；有人说我乱抬身价，殊不知我默默含冤无处倾诉。忆往昔峥嵘岁月，追不及万古风流人物。不管你爱不爱我，我就在这里；不管你讨不讨厌我，我依然在这里；守护着每一个人的需求，怀揣着每一个为我奋斗的梦想。

01 房地产行业内涵分析

房地产行业内涵分析		
流程		涉及专业
前期	制作标书、投标、竞标、拿到土地	城乡规划、人文地理与城乡规划、道路桥梁与渡河工程、岩土工程技术、智能材料与结构、市政工程技术、汉语言文学
中期	图纸规划、方案设计、工程测量放样、材料进场、墙面施工、管道安装、设备安装、地面施工、顶面施工、五金安装、吊顶龙骨制作、清洁	建筑学、土木工程、建筑设计、给排水科学与工程、平面设计
后期	工程验收、销售	工程管理、 市场营销、国际经济与贸易、金融学、保险学、财政学、资源与环境经济学、会计学

2019年
我国各类房地产开发企业比重

02

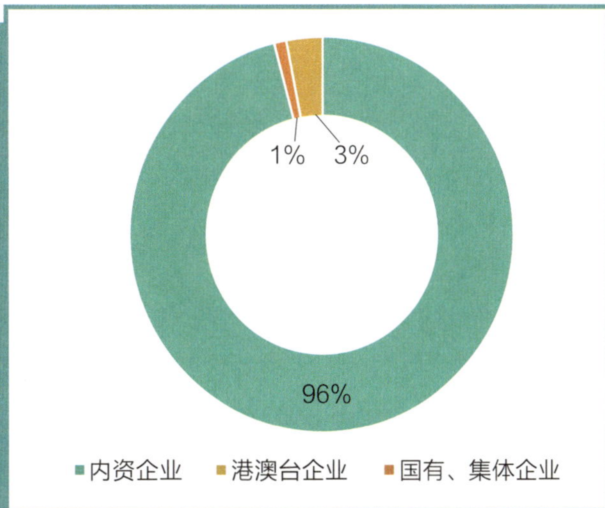

03

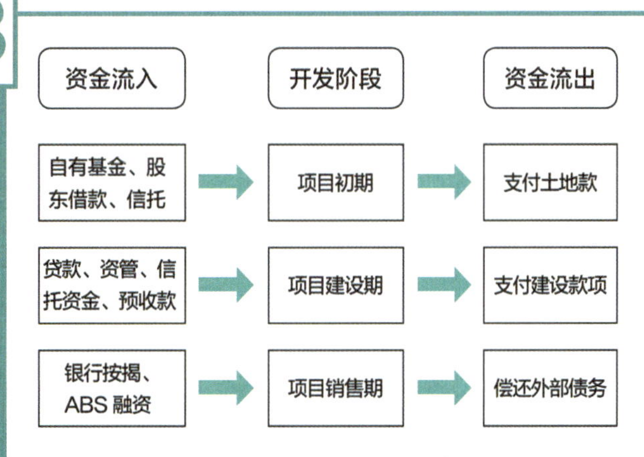

房地产开发阶段
及资金流向

（注：ABS是英文“Asset Backed Securitization”的缩写，资产证券化）

听他说

我们房地产策划师或咨询顾问受房地产开发商委托，对所开发的项目进行详细的诊断分析，了解项目所在地的区域规划、区域经济发展水平、居民收入、周边房地产业竞争状况、区域人文地理环境、生活习性等，针对“建什么”“怎么建”“卖给谁”等要素，提出项目概念设计定位，画出概念规划图。

居住者的健康与住宅有很大关系。在日常工作中，我们既要从市场需求角度出发，还要从居住者的健康与舒适角度来设计，恰当地为项目进行人性化定位。

@ 芬芳
山东建筑大学工程管理专业，房地产策划师

“想法”“思路”是结构工程师的灵魂。

想法来自你对公司产品的理解，来自你对客户居住使用需求的理解，来自你对专业理论延伸实践的理解，还要兼顾到造价、工程实施等各方面因素。

我们的日常工作是指导和跟进产品的生产、安装和运营，及时解决这些环节中出现的结构问题，保证这些环节顺畅进行。最为重要的是管理技能，这好比武侠小说中人的“内功”，专业知识就是“招式”。“内功”深厚，哪怕“招式”简单，一样能克敌制胜。

@ 仓鸠雄鹰
重庆交通大学建筑学专业，结构工程师

给排水专业并不局限于建筑给排水、市政管网，水处理也是大头，技术含量不低。给排水中，市政水处理设计技术含量高，不管是净水厂中的预处理池、混凝沉淀池、过滤池，还是污水处理厂中的初沉池、生物处理池、二次沉淀池等，都有不断推出的新标准予以规制。

一个优秀的市政给排水工程师应该对各种处理工艺的设计了如指掌。根据水量和水质要求作出判断，设计出合理的水处理工艺流程，并在给定的设计红线内进行合理布局，最大限度利用空间和水力流动，减少不必要能耗。除了要具备敏锐的观察能力，抽象的思维能力亦不可或缺。

@ 走南闯北
合肥工业大学给排水科学与工程专业，给排水工程师

环保

6

- 组织机构
- 新能源
- 包装

组织机构

Organization

环保这片“绿色”领域中，有三类组织。国际环保组织，如世界自然保护联盟（IUCN），适用于政府、非政府间合作，全球屈指可数；国家环保组织，如中国环境文化促进会，梳理神州大地环保指标，公布中国公众环保民生指数；民间环保组织，如北京地球村环境教育中心，或许你曾在某些海报传单中见过它的身影。

01

中国环保组织与国际环保组织

中国环保组织	
名称	关注
自然之友	人与自然和谐
中华环境保护基金会	帮助农民建立生态经济模式
中国绿色农业服务联盟	绿色农业食品安全
中国环境保护产业协会	环保技术交流

国际环保组织	
名称	关注
世界自然保护联盟	保护森林、湿地及海洋资源
世界自然基金会	保护世界生物多样性及生物的生存环境
全球环境基金	注重解决环境问题
国际地球之友	国家和国际环保活动

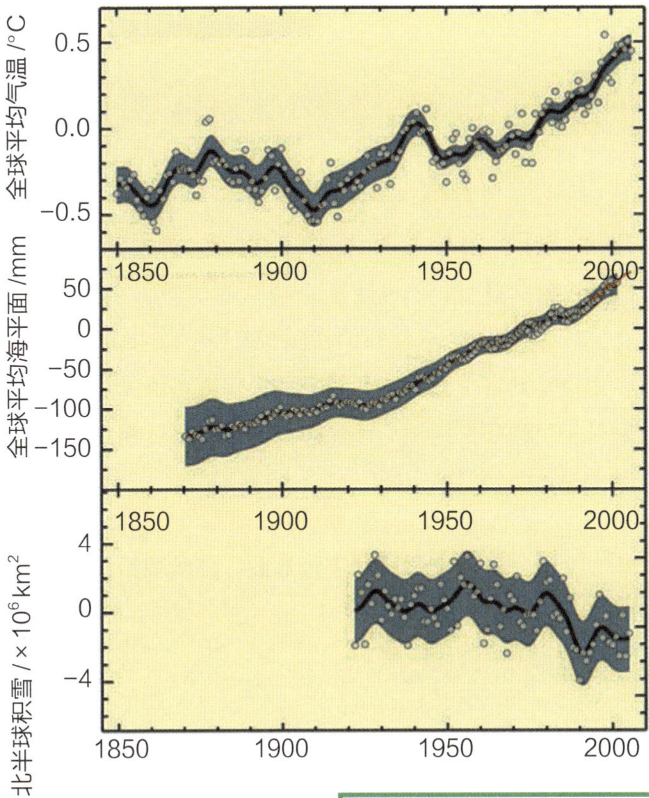

02

全球变暖整体效应

全球变暖，气温升高。与之相对应的海平面呈现出逐年上升的态势，北半球的积雪面积正在逐年缩小。全球变暖牵一发而动全身，整个生态圈将受到影响。

03

2012—2019 年联合国气候大会概览

名 称	时 间	地 点	重要内容
联合国气候变化多哈大会	2012 年	卡塔尔多哈	欧盟代表表示到 2020 年将温室气体排放量在 1990 年基础上减少 20%
联合国气候变化华沙大会	2013 年	波兰华沙	敦促发达国家进一步提高减排力度，加强对发展中国家的资金和技术支持
联合国气候变化利马大会	2014 年	秘鲁利马	力争将全球升温幅度控制在 2 ℃以内
联合国气候变化巴黎大会	2015 年	法国巴黎	近 200 个缔约方一致同意通过《巴黎协定》
联合国气候变化马拉喀什大会	2016 年	摩洛哥马拉喀什	大会形成了《马拉喀什行动宣言》，重申了各国合力应对气候变化的决心与信心
联合国气候变化波恩大会	2017 年	德国波恩	落实《巴黎协定》规定的各项任务，为 2018 年完成《巴黎协定》实施细则的谈判奠定基础
联合国气候变化卡托维兹大会	2018 年	波兰卡托维兹	谈判《巴黎协定》实施细则
联合国气候变化马德里大会	2019 年	西班牙马德里	解决《巴黎协定》实施细则遗留问题

听他说

我们一直积极倡导“发现、培育、支持绿色公民，并推动更多的自发组织环保行动”。主要将工作聚焦在以下三方面：法律与政策倡导、公众参与、环境教育。

就目前整体情况来看，大众整体的环保意识还不够强。这让我们在做相关环境政策研究时，还要兼顾环保宣传工作。下社区、上街道，无论是贴宣传海报，还是发放环保宣传册，前期工作没少做。当然，很多时候我们也联合环保局、民间环保组织、环保志愿者等，不定期举行环保宣传教育活动，吸引大众积极地参与环保建设，共创美好家园。

@ 山野人
东南大学环境工程专业，环境政策研究员

当一名环保志愿者是我的梦想。大学毕业后，我在一家邮局工作，由于越来越找不到职业归属感，我选择了辞职，全身心加入环保组织志愿者队伍。

时间是最好的证明，我的决心最终感化了反对我的父母。环保志愿者的工作很充实：周一至周五参加义务植树或去高速路段清除垃圾。我的任务多一些，白天做志愿者的日常服务，晚上回家编写环保报告、编辑并发布微信公众号文章等工作。

做环保志愿者需要信仰。这需要不断地修正自己的价值观，找到职业的价值所在。

@ 郑世川
南开大学环境管理与经济专业，环保志愿者

有一种幸运叫“如此意外”。我在大学读的专业是城市园林类，毕业季找工作时偶然看到中华环保联合会在招聘，忐忑地投了简历，没想到竟被选中加入其中。项目助理需要很强的团队协作与沟通能力，工作中要和不同部门对接，与各个部门协商相关事情。性格外向、乐观开朗的人更适合做这份工作。

想来中华环保联合会这类国字号环保组织工作的学弟学妹们，平时要注重培养团体合作意识，强化沟通表达能力，英语的听说读写也很重要。

@ 潇湘烟雨
武汉生物工程学院园林技术专业，项目助理

新能源 New Energy

甲醛替代柴油，可燃冰突破技术瓶颈，爆米花制成“超级电池”，柔性钙钛矿太阳能电池效率超过 17%，钍基熔盐堆项目开创能源利用新模式，智能微网技术与无线电能传输技术让电动车充电摆脱“长尾巴”，光伏发电赢得市场新机遇……风电、生物能源、新能源汽车，能源一台戏，世界一片景。

01 关注新能源领域专业推荐

相关专业	院校推荐	就业代表
电子信息工程	四川大学 南京理工大学	汽车信息系统开发
自动化	中南大学 沈阳大学	电子元器件研究
车辆工程	西南交通大学 福州大学	汽车设计
材料化学	北京理工大学 哈尔滨工业大学	有机材料研发
机械电子工程	重庆大学 西北工业大学	智能驾驶测试

随着新能源汽车的发展，新能源汽车专业人才缺口越来越大，相关专业成了“时髦”专业。目前开设新能源相关专业的热门高校有同济大学、四川大学、北京理工大学、中南大学、西南交通大学、武汉理工大学、哈尔滨工业大学、重庆大学等。

新能源汽车相关专业侧重培养学生的实际操作能力，不少院校正在积极地探索校企合作式教学。

02

新能源（以纯电动为例）汽车与传统汽车相比较

	纯电动汽车		传统汽车
动力	电力		汽油、柴油
能耗	10—20 kW · h/100 km		6—8 L/100 km
成本	约 100 km/6.5 元	vs	约 100 km/52 元
保养	周期长、成本低		周期短、成本高
污染	无		固体悬浮微粒、一氧化碳、二氧化碳、氮氧化合物、铅及硫氧化合物等
政策	能源补贴、减免购车税		无

与新能源汽车相比，传统汽车的能耗和成本更高，对环境的影响更大。目前，市场上仍以传统汽车为主，但新能源汽车有突出的优势，未来新能源汽车会有更大的市场潜力。

2022 年中国消费者购买新能源汽车原因调查

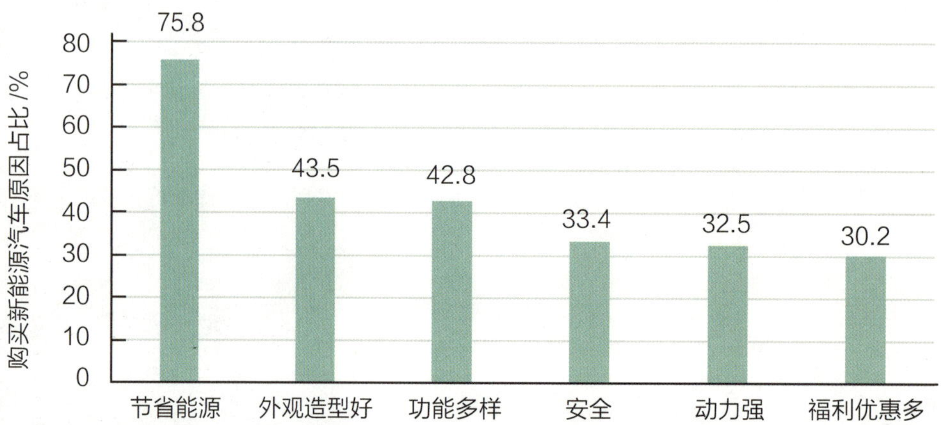

03

听他说

因为大多数人只是抱着观望的心态去了解新能源汽车，所以工作开展起来很困难。跟客户“嗨聊”了半天，对方既不心动，也无行动。一开始觉得很憋屈，后来慢慢学会调整心态，工作便顺畅了许多。

新能源汽车作为传统汽车的颠覆者，依靠各种科技支持，质优价不廉，想让消费者掏钱并不容易。目前，国内各大汽车品牌在研究新能源汽车的道路上你追我赶，颇有成果。不论新老汽车企业多么拼尽全力抢占新能源汽车市场，新能源车的普及还有很长的路要走。我看好新能源汽车，相信它迟早会开进千家万户。

@ 清晨的曙光
海南大学市场营销专业，汽车销售员

车辆工程专业是五年制。大一就有同学经过考核进入汽车造型小班（与同济大学大名鼎鼎的建筑与城市规划学院联合培养），专业主要方向是工业设计，例如汽车外形设计。大二开始，我们可以进入创新基地，在项目组亲自设计、制造汽车，还有机会参加国内外汽车设计大赛。

毕业后，我到上海通用公司，从事新能源汽车的研究。新能源汽车产业在我国发展潜力巨大，市场前景广阔，新能源研究领域的人才需求只会更大。

@ 竹杖芒鞋
同济大学车辆工程专业，新能源汽车研究员

我日常负责车辆保养、检修等工作，主要维修车辆存在的小问题，例如车身掉漆、刹车片失灵等。随着经验的累积和技艺的进步，将来我会解决更多棘手的问题。此外，我还负责计划车辆零配件、轮胎、机油等材料的采购工作。

汽车市场的品牌和车型众多，汽车“生病的症状”千差万别。这需要每一名汽车修理师在日常工作中强化“望闻问切”的能力，也要多与顾客交流，了解他们的需求。

传统汽车作为城市环境恶化的源头之一，市场占比会越来越小。我很庆幸当初选择成为一名新能源汽车维修师，算是为环保贡献一己之力。

@ 黄河
重庆理工大学机械设计制造及其自动化专业，新能源汽车维修师

包装 Packing

随着快递业井喷式暴涨，有货即有包装。大量的“商品外衣”成了全世界“甜蜜的负担”。批判家、环保人士的警告难以浇灭大众的购物欲，而白色垃圾亟待降解的话题早就被升级版卡纸撵出重要议事录。包装设计热效应是大势所趋，不知由工业设计演变而来的热门专业，其热度是否会高过与日俱增的温室效应，持续身心所感的“炙手可热”呢?

01

相关专业	特色院校	就业方向
包装工程	华北理工大学	商品生产与流通部门、包装企业、科研机构、外贸、商检等部门从事包装系统设计、质量检测、技术管理和科学研究工作
艺术设计学	四川美术学院	包装结构设计、包装工艺制定、包装印刷、包装质量检测
产品设计	青岛科技大学	工业设计、平面设计、产品外观设计
视觉传达艺术设计	广州大学	包装装潢设计、包装造型设计、容器造型设计、广告招贴设计

关注包装领域专业推荐

02

常见包装原材料对比

材料	包装制品	消极作用	积极作用	后续处理
纸质	纸袋 纸箱 纸盒	森林减少	质量轻 易储存	回收再利用
塑料	塑料盒 塑料箱	白色污染	实惠、便利	填埋、焚烧 回收再利用
金属	金属桶 金属盒	铁锈污染 水土污染	坚固、耐用	回收再利用
陶瓷	陶瓷瓶 陶瓷缸	固体污染	美观、大气	粉碎、填埋
木材	木箱 木夹板	森林砍伐	环保、美观	粉碎再利用
复合类	铁芯线 铝箔复合膜	污染环境	坚固、成本低	回收再加工

除了表中所列举的包装材料，在日常生活中，不同领域的包装还会用到各种辅助包装材料。据统计，目前使用最普遍的是纸质和工业木材包装。

03

国外先进包装处理环保技术案例

德国	·“谁生产谁回收”原则，统一配发家庭垃圾桶 ·每家按月交垃圾清运费 ·实行“绿点”回收方法，生产商为该商品回收付费
日本	·建立科学完备的回收体系 ·每天按大类回收 ·集中处理
美国	·回收包装的企业可减税 ·包装废弃物回收利用产业化运作 ·包装材料多样化，“谁生产谁回收”原则
新加坡	·使用绿色材料，减少包装使用量 ·颁布环境污染管制法令，设立环保专门机构 ·建立能源利用中心、海洋转运站和海上卫生填埋场
瑞典	·垃圾分类 ·产品包装“押金回收”制

听他说

在多元的社会里，包装设计工作不仅要满足物品的包装要求，而且要满足不同客户的审美需求。这就导致一件商品有两种、三种甚至更多版本的包装，无论在时间、精力，还是材料、资源上都造成很大的浪费，其本质就是“过度包装”。

在“好面子”的当下，“过度包装”还在不断地被强化。我们正在进行一项受众调查，内容包括包装选用什么材质，要达到怎样的安全标准等。调查目的是设计出既环保又让消费者认可的“轻包装”，以提高资源利用率，减少环境污染。

@ 山羊虎须
黑龙江大学广告学专业，包装设计师

共享式包装是我们当下研究的一个重点。这项研究进展很困难，包装的范围在不断扩展，包装的材质远远超出了金属、纸质、玻璃、塑料等。

如何研制出集强度高、韧性好、重量轻、使用方便等特性于一身的共享式包装材料，是我们面临的一个巨大挑战。有的团队在研究可降解胶带上已取得实质性进展，这种胶带能通过填埋的方式处理，不污染土壤和地下水，实现降解。

实践过程中遇到一次又一次的失败，气馁、沮丧是很正常的情绪。没有超强的意志力，无法作相关的研究，我们从没想过放弃。

@ 青鸟
天津大学化学工程与工艺专业，可降解包装研究员

塑料包装污染大、回收困难，更别说循环利用。减少包装污染成为一场持久战。

我们现在的业务范围主要集中在纸质包装加工。纸质包装具有污染小、可回收再利用、轻便等特点。生产纸质包装，产生经济效益的同时，也带来破坏森林、包装污染等问题。

就整个包装加工行业而言，目前对回收的纸质品再加工的技术还不够成熟，循环利用技术上存在瓶颈，这也是造成加工与回收利用上下游不对等的原因。

@ 小诺诺
湖南农业大学环境工程专业，环保公司回收再利用管理员

食品 7

- 餐饮
- 副食品
- 食品安全

餐饮 Catering

作为一个有尊严的“吃货”，必须保证两样东西不被抢走：准备吃进肚里的食物、藏在内心深处关于食物的梦想。生活品质不断提高，健康营养、生态自然的饮食成为人们的“新宠”。打“飞的”去吃一次米其林餐厅不再遥不可及。传统中国菜需要更多高端人才加盟，从而走向世界，融入世界。面对日益增长的饮食消费需求，做一名国际大厨或许能让你快速致富。

相关专业	院校推荐	就业方向
烹饪学	美国烹饪学院 马来西亚国际烘焙烹饪学院	可在世界著名酒店、餐厅担任专业厨师、糕点师等
连锁经营与管理	天津滨海职业学院 浙江商业职业技术学院	主要在各类连锁企业从事营销策划、市场调研、商品采购、总部管理、门店管理等工作
酒店管理	北京第二外国语学院 华侨大学	可在各类酒店从事门迎、前厅接待、客房服务、楼层管理、大堂管理等工作
广告学	上海师范大学 中央财经大学	可在电视台、期刊社、报社、自媒体、广告公司、餐饮行业内部期刊等从事宣传推广工作
食品营养与健康	中国农业大学 江南大学	可在医院营养科当营养技师、在保健食品等公司做咨询，健身、美容、体检等行业担任营养顾问

01

关注餐饮领域
专业推荐

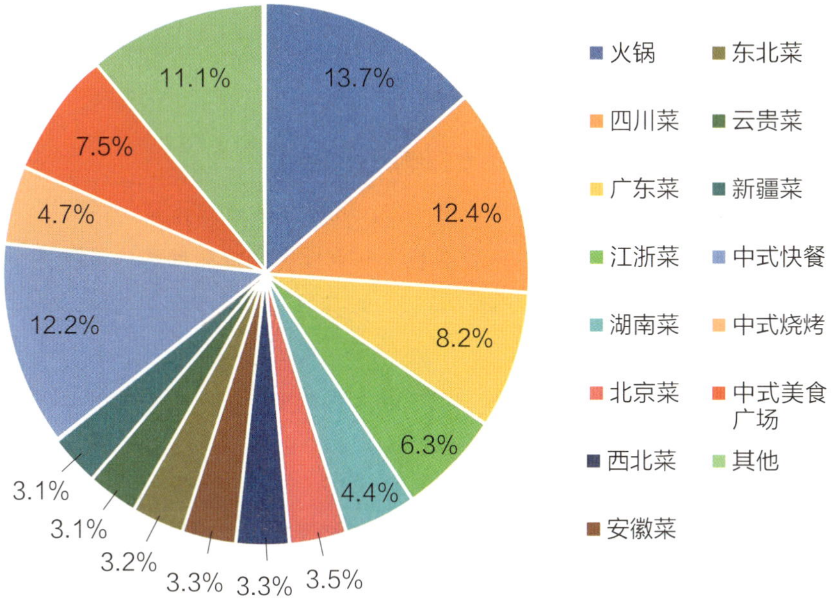

02

2019 年中式餐饮各业态比重

03

2011—2019 年中国在线订餐用户规模

从 2011 年开始，我国在线订餐用户规模持续增长。消费场景已发生根本性改变，消费者已养成线上订餐习惯，餐饮企业的转型提升势在必行。

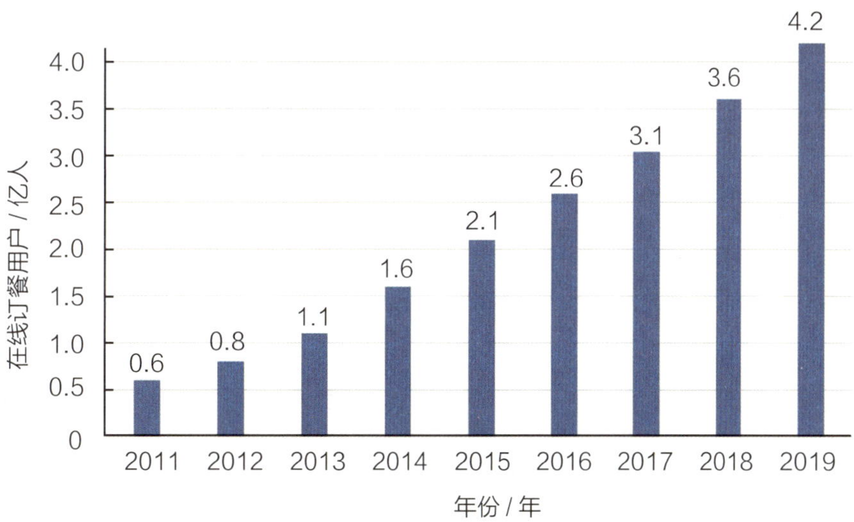

听他说

在国外，厨师属于艺术家范畴，要做顶级厨师，需要深厚的知识积淀。

我在大学选修西班牙语和博物馆学两个专业，为了拼学分，几乎三天一篇论文，每天喝12杯咖啡才撑下来。毕业后，我曾服务于国家元首就餐的意大利餐厅，也曾在米其林星级餐厅任厨师。米其林餐厅的评审相当严谨、公正，甚至近乎苛刻。米其林三星餐厅主厨被公认为全世界最有身价、最尊贵的厨师，年薪可达上百万。

报考国外的烹饪学算是另辟蹊径，如果你真的热爱烹饪，在国外当厨师可能会收获更多尊重和惊喜。

@ 杨雪雁
休斯敦大学希尔顿酒店管理学院烹饪学专业，米其林餐厅厨师

连锁经营与管理是复合型、实践型、国际领先的新专业，发展非常迅速，我们熟悉的麦当劳、肯德基就是一种连锁经营与管理模式。

大学毕业后，我曾在麦当劳工作过。麦当劳有完善的员工培训计划，无论是暑期实习员工还是正式员工，都有平等晋升的机会。公司有一套严格的生产制作流程，比如薯条放下去炸了几分钟后，机器响起来要及时翻动几下继续炸。撒盐时要怎么撒，饮料要加几勺冰，麦旋风的奥利奥饼干碎要转几下，等等。

标准化、流程化是连锁经营与管理在餐饮业的应用。“麦氏”工作方式暗含了跨国企业最先进的管理方法，良好的组织氛围给了每一位员工施展才华的机会。

@ 胡浩源
天津滨海职业学院连锁经营与管理专业，门店管理

因为喜欢吃、喜欢做菜，大学我选了营养学专业，坚定地踏上成为营养师的“不归路”。

在美国读营养学专业，除了专业课难到哭之外，其他课和医学生几乎没差别。要成为营养师，需要美国营养与饮食学会（Academy of Nutrition and Dietetics，AND）认证的学士学位，在相关医院或营养康复机构实习超过1200小时，并通过营养师考试，才能真正成为注册营养师。

中国营养师是2005年才开始进行注册考试的职业，未来有很大的发展空间。

@ 皮卡糕糕
美国普渡大学营养学专业，营养师

副食品 Subsidiary Foodstuffs

一间咖啡屋、一个茶艺馆是“文青”理想的样板间。对于艺术细胞丰富的人来说，创意集市是理想，也是归宿，是“混得真不错还有时间小资”的证书。2020 年，全国已有茶馆数超过 15 万家，咖啡馆数超过 12 万家，从业人员数超过 500 万。在体验消费时代和客群年轻化迭代的今天，咖啡和茶不仅是饮品，也是两种文化，更是两个充满朝气的新兴产业。

01 关注副食品领域专业推荐

相关专业	院校推荐	就业方向
茶学	浙江大学、福建农林大学、华中农业大学、华南农业大学	可在农业、工业、商贸等领域或部门从事与茶学有关的技术与设计、推广与开发、经营与管理等工作
烟草	云南农业大学、郑州轻工业大学、山东农业大学、西昌学院	可在烟草及其相关部门或单位从事与烟草有关的技术与设计、推广与开发等工作
乳品工程	内蒙古农业大学、东北农业大学	可在乳品企业从事生产、储运、加工、销售领域的技术与管理工作
食品科学与工程	北京工商大学、北京农学院、天津大学、天津农学院	可在大中型食品企业从事研发、加工、食品生产技术管理、品质控制、新产品开发、工程设计、市场营销等工作
酿酒工程	江南大学、贵州大学、河北农业大学	可在酿酒科学与工程领域从事教学、科学研究与开发、生产管理、检验等工作
葡萄与葡萄酒工程	青岛农业大学、西北农林科技大学	

2018—2019 年各茶类产量比例

02

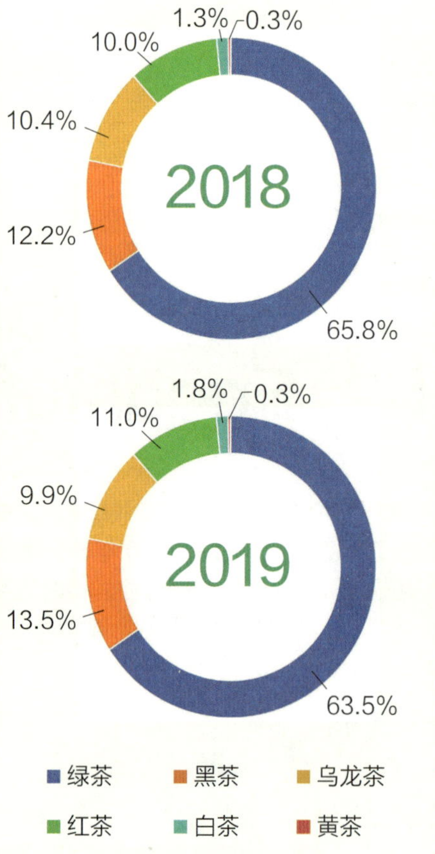

2022 年国内部分城市咖啡师月平均工资

03

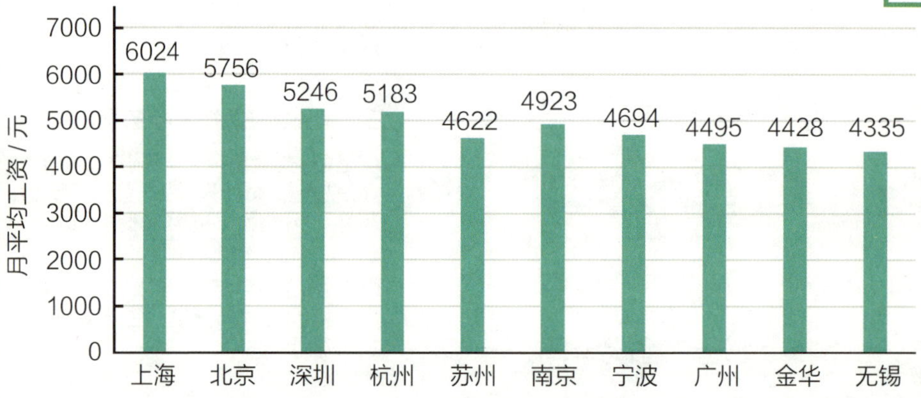

听他说

某天，我看到上岛咖啡的招聘启事，当时上海的咖啡馆正兴起，咖啡师这个职业看起来体面且略带神秘色彩，想去探索一下，没想到自己就这样从实习生变成了咖啡师。

2013 年，我开办了重庆第一家咖啡培训学院；2014 年，我通过了 World Coffee Events（世界咖啡协会）的评委考核认证；2017 年，我到世界唯一一所咖啡大学——意大利 illy 咖啡大学，接受国际咖啡大师培训。做自己喜欢的事从来不需要坚持，那种习惯性的幸福感，让我一步步从咖啡师走向世界级大赛的评委。

@ 吴非
意大利 illy 咖啡大学咖啡专业，咖啡师

根据我的经验及所见，中国农业大学葡萄与葡萄酒工程专业的毕业生找对口工作问题不大，就业方向主要有以下三种：

品酒师，如在酒文化传播公司做类似讲师的工作，负责文化推广。酿酒师，在酒厂里酿酒，包括葡萄栽培。很少毕业生去酒庄做酿酒，主要原因是酿酒季非常辛苦，而且本科毕业得从酿酒技师做起，待遇比较一般。酒类及其他食品类销售，葡萄酒是新兴行业，不会让你觉得太无聊。

从事这行，经历越多越有优势，要能耐得住寂寞，还得多品、多走、多交流，当然热爱是基础。

@ 王瑜深
中国农业大学葡萄与葡萄酒工程专业，调酒师

我是学校首届茶艺茶道方向的学生，以前茶学偏理工类，侧重种植栽培。茶艺茶道方向则偏文史类，侧重历史文化、礼仪习俗、冲泡茶等。

茶学先学习理论，然后实践，去后山茶园栽种、采茶、加工、炒茶、参与审评是我们本科学生的日常，生化实验、制作标本也是专业所需。此外，还有专门的茶叶大厅供我们泡茶、练习茶艺、开展茶会，后山的实习基地也为我们提供开展活动的机会……理论与实践极好地结合，让我始终乐在其中。

毕业后，我回到重庆，选择了茶艺培训师这一职业，这一做便快 15 年了。

@ 梓雅
云南农业大学茶学专业（茶艺茶道方向），茶艺师

食品安全

Quality

中国人在食品安全问题中完成了化学知识“扫盲”：从劣质大米里认识了石蜡，从“黑心”火腿里认识了敌敌畏，从不合规的咸鸭蛋、辣椒酱里认识了苏丹红，从添加剂超标的火锅里认识了福尔马林，从以次充好的银耳、蜜枣里认识了硫黄，从“假”木耳里认识了硫酸铜，从三鹿奶粉里认识了三聚氰胺……食品安全是什么？我们如何才能真正放心地饮食？

01

关注餐饮领域专业推荐

相关专业	院校推荐	就业方向（农林牧渔领域）
动物科学	天津农学院 河北农业大学 山西农业大学 内蒙古农业大学 沈阳农业大学	在制药、农业、新能源等行业工作，部分进入肉食品监管部门，如农村工作委员会等
粮食工程	沈阳师范大学 吉林农业大学 黑龙江八一农垦大学 南京财经大学 吉林工商学院 武汉轻工大学	在农业局、农村工作委员会、种子公司等单位从事粮食收集、储运、加工、营销等工作
食品安全与检测	上海师范大学 湖北大学 新疆理工学院	可到全国各级食品卫生监督部门、食品企业等从事产品策划和设计、安全质量控制工作，或者到管理部门、社区的营养与食品安全服务部门、餐饮业的营养配餐部门、教学单位和科研院所等从事食品生产、营养与食品安全管理、公共营养等方面的工作

国人最不放心的十种食物

1	蔬菜
2	速冻食品
3	熟肉制品
4	水产品
5	面包、糕点
6	桶装饮用水
7	酱腌菜
8	膨化及油炸食品
9	水果
10	食用植物油

02

“2023 中国现代饮食发展指数”调查显示，“最让国人担心的十大食品安全问题”分别是果蔬中农药残留超标、食品中违规使用添加剂（如防腐剂、色素）、重金属超标、虚假或错误标签标注、病死牲畜肉、激素含量高、食品卫生问题、食物过期变质、抗生素残留以及非食用用油（如地沟油、泔水油、垃圾肉油）流入餐桌。

03

关注转基因食品安全用户年龄分布

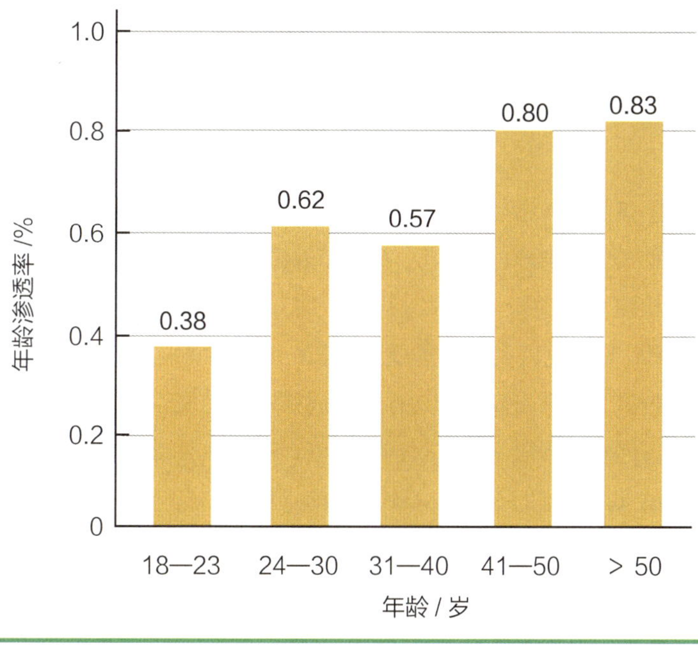

年龄渗透率 = 某年龄段关注某件事人数 / 全网该年龄段用户总人数

听他说

食品行业属于非垄断行业，业内竞争非常激烈。由于就业竞争激烈、起薪低，同时工作相对辛苦，食品类专业从业人员转行的人较多。

我有一位南京农业大学食品专业的硕士朋友，据他说，实验室起薪都不高，普遍起薪为3500—4500元/月，这个薪水在一线城市生存比较艰难。只有极个别优秀的人才能幸运挤入中粮集团、玛氏公司、益海嘉里等超级企业。在这些单位，工作3—5年后，年薪一般能上15万元。

我认为学食品专业目前较好的出路是考公务员，或去食品、药品、海关等国家检验检测机构，或考入食品名校，待博士毕业后进一所高校教书。

@ 吴伟

江南大学食品科学与工程专业，食品监管部门政府工作人员

粮食工程专业学生的就业方向一般而言是粮油食品加工、粮食检验和粮仓建设。

粮油加工方向的毕业生就业比较容易，大中型制粉、油脂、饲料公司和相关的合资、独资企业均可选择；粮油检验方向的毕业生，如果有合适的机会，可以进入粮食高新技术产业和与粮食有关的研发中心，各级粮食、粮油购销储运公司等；粮仓建设方向的毕业生，如果有机会进入国家粮仓工作也不错，这个方向的特点是毕业生较少，还有一些求职空间。

@ 王悦

吉林农业大学粮食工程专业，公务员

一头生猪从出养猪场到进市场，要经过产地检疫、入场检疫、待宰检疫、宰后检疫和复检等流程。每天检疫1000头生猪，对我们来说只是起步量。

动物检疫员要进行“三腺”检验，用刀将生猪淋巴切开，检查是否有脓血等病变；用铁钩钩起猪蹄，检查猪蹄是否发黑或者发紫；用铁钩将两片几百斤的生猪肉扒开，进行体表检查，同时检查腹部是否有出血点。这样才完成第一道检疫程序。

除了每周轮岗去屠宰场进行肉类检疫，我们也会部署农村、城市的动物防疫工作。保证老百姓的食品安全是我们检疫人义不容辞的责任。

@ 周璐璐

西南大学动物科学专业，动物检疫员

交通 8

- 城轨
- 高铁
- 民航

城轨

Subway

不得不说，车并不是价钱越高，用户体验就越好。一次我跟朋友坐车出门，一路上我都在吐槽：这车起步太“肉”了，一点“推背感”都没有；刹车也不好，制动距离太长；舒适性一般，满员时太挤；储物空间又少，手机都没地方放；内饰全是硬塑料，一点都不显档次……朋友对我翻了个白眼：坐个地铁，你就不能消停会儿？

01

	地铁	轻轨
市区常住人口	≥ 300 万人	≥ 150 万人
地区生产总值	≥3000 亿元	≥ 1500 亿元
一般公共财政预算收入	≥300 亿元	≥150 亿元
初期客运强度	≥ 0.7 万人次/(日·千米)	≥ 0.4 万人次/(日·千米)
远期客流规模单向高峰小时	≥3万人次	≥1万人次

申报城市轨道交通建设的条件

02

中国开通轨道交通的城市数量（不含港澳台）

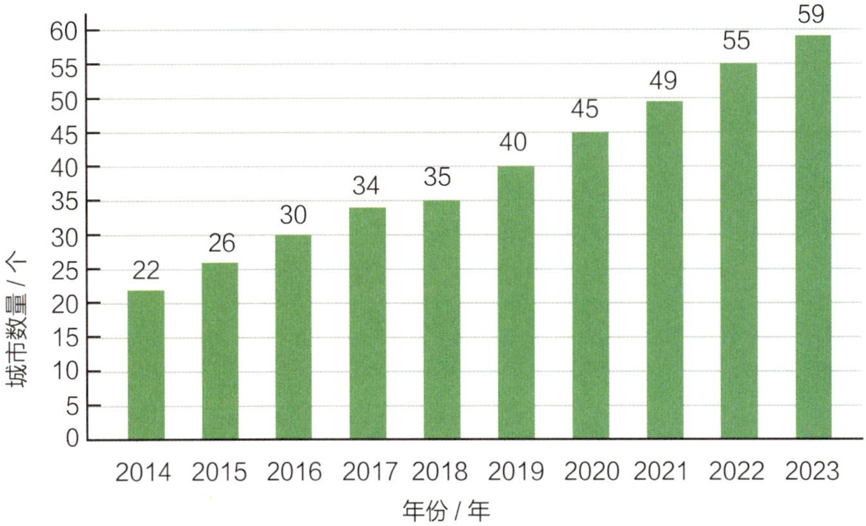

03

中国城市轨道交通运营里程（不含港澳台）

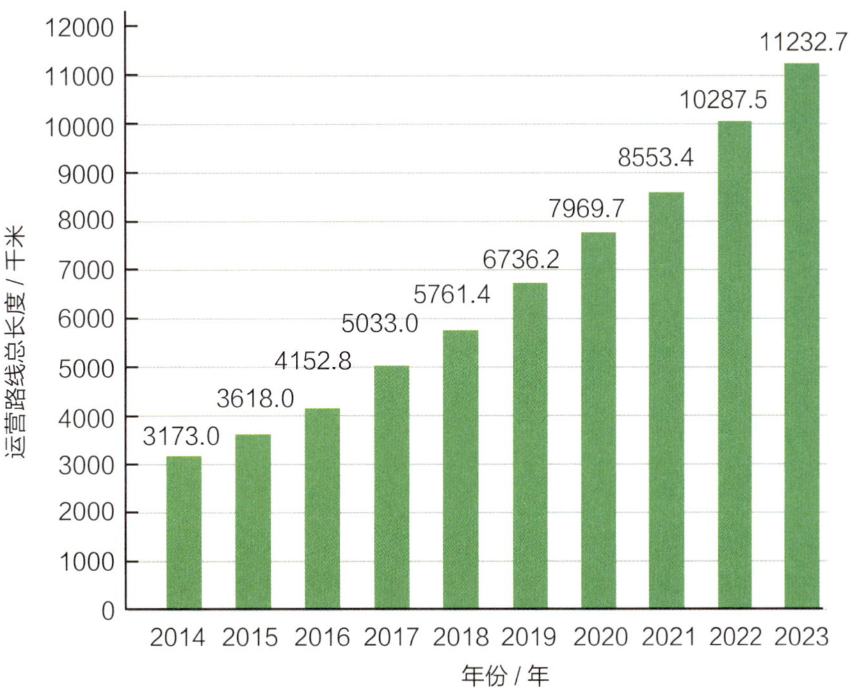

听他说

我们的作息是“白夜休休”，看似休息时间多，但事实却不然，特别是夜班。

一次早班，我鼓起勇气问队长：“每次夜班查完寝，凌晨才能休息，只能睡三四个小时，不会觉得累吗？”队长略带倦意的脸上多了几分严肃，看着我说：“行车工作容不得半点马虎，行车安全更是重中之重。查寝是为了监督大家按时睡觉，保证第二天行车时精力充沛；也是为了了解大家的作息情况。休息时间短，肯定会累，但职责所在。”

说完，队长继续认真检查列车的每一个部件。

@ 田野
重庆科技学院石油工程专业，电动列车司机

修地铁是件非常难的事。表面上看，就是挖个坑挖个隧道，让列车在地下跑。而实际上，整个工程的每个细节，都凝聚着巨大的人类劳动和智慧。

就拿我做的地铁电力监控系统来说，我们公司卖了一台一百多万元的电力监控柜给地铁公司，电力控制柜被安装在控制室的上百台柜子中间。十天以来，我跟着两位经验丰富的师傅，每人对着一台电脑，用十来种电脑软件，在庞大的数据库支持下，对这台监控柜的功能、它与其他厂家监控柜的通信进行反复的调试，以将误差降到最低。

@ 黄敦达
太原理工大学电子信息工程专业，地铁电力监控专员

地铁的钢轨为何被设计成现在的样子？为何两根钢轨之间的距离被固定为 1435 毫米？轨道有很多曲线，那是钢轨在生产的时候预先弯好的吗？入行至今，我越发感受到方寸之间自有学问。

我们要探究钢轨廓形、材质、机械性能的细微区别，要研究轨道的轨距、两根钢轨的相对高低、钢轨的前后高低、轨道的平直度、曲线的圆顺度如何保持；要探索钢轨的磨耗、伤损的原因，并想办法预防和克服；也要防范随时可能出现的各种意外状况。这些都是地铁安全行驶的重要保障。

@lei xi
北京交通大学土木工程专业，地铁轨道工程师

高铁 High-Speed Rail

高铁冷知识

Q：为什么高铁列车上没有安全带?

A：高铁具有很好的稳定性，旅客在列车上可以将一枚硬币立起来。在高铁上，改进座椅的设计能有效保障乘客的安全，不再需要安全带。现在高铁普遍使用的座椅是防撞安全座椅，能够保证后排乘客头部或膝部向前撞向椅背时，前座会及时溃缩变形，防止乘客被卡住。

01

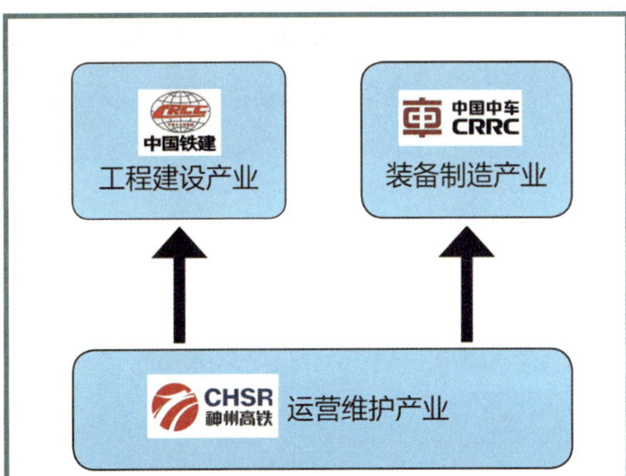

高铁产业的三大板块

02 2011—2019 年 我国铁路运营总里程及其增长速度

《中长期铁路网规划》中的“规划方案”主要分为三个方面：一是高速铁路网，要构筑“八纵八横”高速铁路主通道，拓展区域铁路连接线，发展城际客运铁路；二是普速铁路网，要形成区际快捷大能力通道，面向“一带一路”国际通道，促进脱贫攻坚和国土开发铁路，强化铁路集疏运系统；三是综合交通枢纽，包括客运枢纽和货运枢纽。

03 高铁六大系统构成

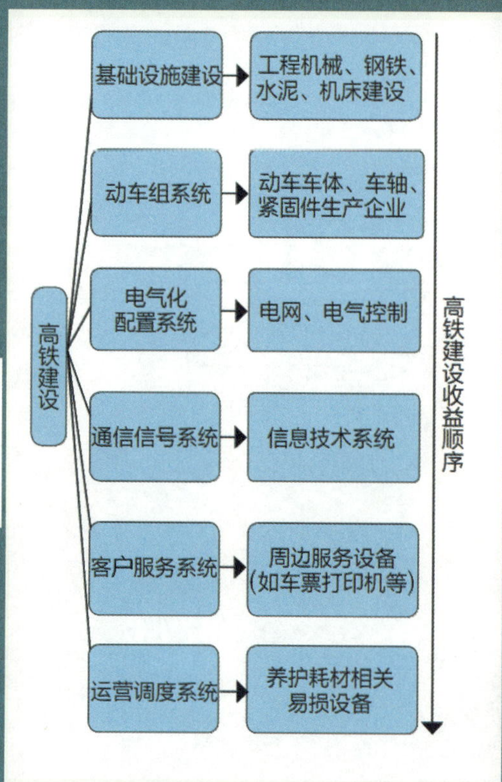

听他说

我负责的列车是凌晨出车，需要提前两个小时进站做开车前的准备工作。我本来就属于“起床困难户”，尤其是冬天，总想找一万个“照顾被子”的理由。但经过一年的磨合，我觉得乘务员这个工作也没那么累了。当初放不下脸面打扫卫生，现在却变成了一种习惯，我也明白了作为一名乘务员，应该为旅客提供干净整洁的环境。

乘务员的工作有一套标准流程。比如列车开动前，我们要等对讲机呼叫后才能上车；车开动之后才能锁门；锁门之后必须在面向站台方向立岗，待车离开站台之后，我们才可以离开。

@ 星期六
湖南交通工程学院高速铁路客运乘务专业，高铁乘务员

我虽不是工匠，但我干的活儿可能比工匠还细致。一毫米可能是决定测量任务能否成功的关键。很多时候，在不同的测量环境下，风向、来往车辆的震动会使得测量值始终和标准值相差一两毫米。这时，我不得不对这个点进行反复测试，最大限度地保证数据的精准。

测量仪器属于精密仪器，遇到高温会出现跑点的情况。每当这时，我还得为它打一把遮阳伞。想想当年刚入职场时，除了我妈妈和女朋友，它是第三个我自愿为之打伞的。

@ 苏幕遮
北京建筑大学测绘工程专业，高铁施工测量工程师

大学期间，我们的专业课包括工程制图与 CAD、土木工程材料、工程测量、建筑力学、地基基础、房屋建筑学、建筑结构、建筑工程预算、投资控制、建设工程合同管理等。我们还要以小组方式进行专业综合技能实训，比如设计一个水电大坝，仅枢纽平面布置图、上下游立面图、坝段的剖面图就足够忙活两天。要想在这个过程中取得理想成绩，除了专业功底深厚外，还需要小组成员团结合作。

本科毕业后，我应聘到中铁二十三局第六工程有限公司计划合同部负责工程预算，原本在校期间觉得枯燥的专业课立马派上了用场，幸亏当初不论有多难，我都非常认真地学习了。

@ 会飞的鱼
三峡大学工程管理专业，高铁施工预算员

民航 Civil Aviation

随着人们收入增加，社会经济活动半径扩大，跨境物流和旅游业蓬勃发展。无论是客运还是货运，航空运输发展势头迅猛。表现抢眼的是“廉价”航空公司，如春秋航空、吉祥航空、奥凯航空、西部航空、亚洲航空等。随着我国机票价格管理体制逐步放开，加上物流业发展的需要，以低成本航空公司为代表的空运业必将不断发展壮大。

01

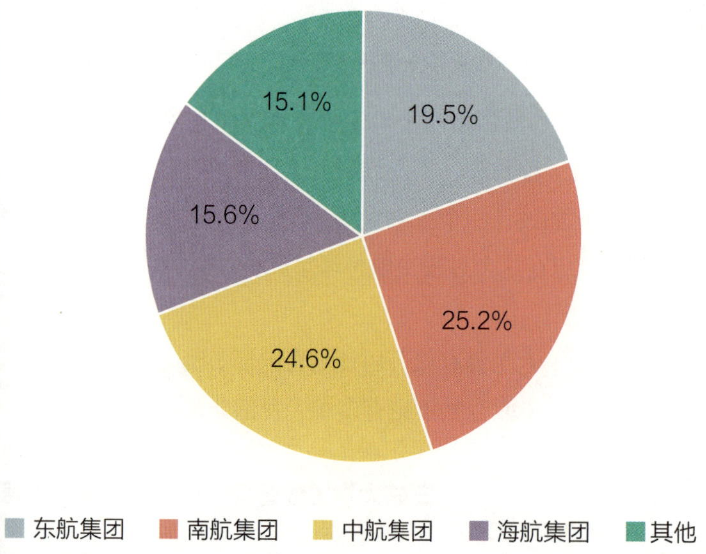

2019 年各航空集团运输总周转量比重

2015—2019年全国民航运输机场旅客吞吐量

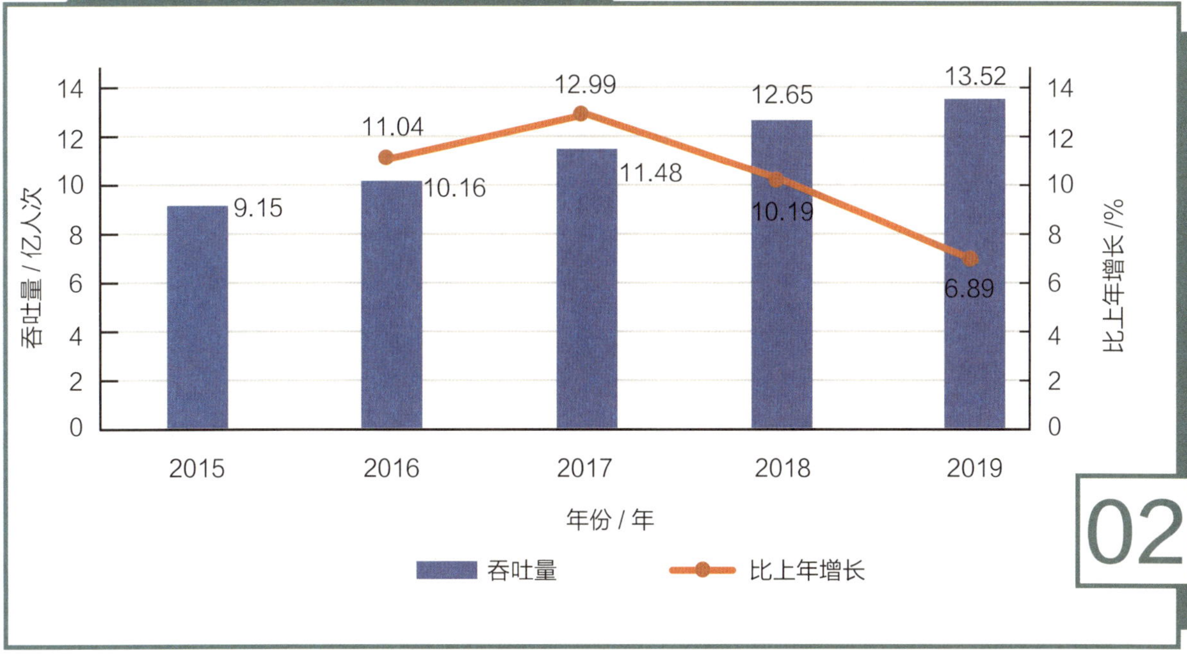

2019年各地区民航运输机场旅客吞吐量

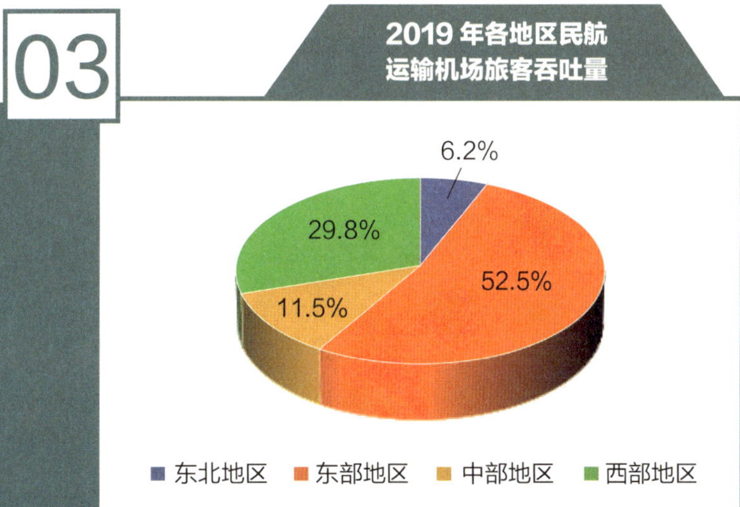

听他说

飞行员需要承担巨大的工作压力，因为我们肩负的是整个航班的安全。

一般情况下，一架飞机上会配备一名机长、一名副驾驶员。机长是飞机上的最高领导，飞行中一旦有突发状况，机长的重要性便体现出来了：航班延误时安抚旅客情绪，设计航路，绕飞雷雨天气，还要灵活应对因机场大风、能见度低、大雨等导致的落地难。这不仅考验机长的技术水平，还考验机长的决断力。如果遭遇火警、鸟击、设备故障等特殊情况，机长应急处理预案的瞬时反应与选择至关重要。

@ 蔚蓝天空

沈阳航空航天大学航空航天工程专业，航空公司机长

我所在的航空公司，飞机数量庞大，签派工作被细分为很多部分。我每天需要搜集全球航行情报，经过一系列分析，判断对公司航班是否有影响。这些情报也是我设计飞行航线和高度的重要依据。

飞行员在空中没有目视参考，当周围都是同样景色时，只能依靠飞机自身的导航设备判断航向。导航设备里的航线都是我们设计的，飞机航线的设计比地面路线复杂得多。就拿飞行高度来说，要考虑高山地形、飞行限制以及飞行经济性等诸多因素。比如飞行的高度不同，风向也不同，对飞行过程的影响就不同。

@ 八哥

南京航空航天大学交通运输专业，航空公司签派员

我们一般在早上四五点到岗，进入冬令时，很多航班起飞时间在夜里，我们要等飞机上了跑道才能下班，有时到家已是凌晨四五点。

国内航线勤务人员的主要工作是在机场柜台办理旅客报到、检查证件、行李过磅、座位分配以及为旅客更换登机牌等事务。还有在候机室引导旅客通关候机、登机，广播提醒旅客登机或寻找已到但未登机的旅客。 勤务人员还须与空中厨房联系餐点、办理失物寻查、接受旅客申诉等相关工作。

地勤工作很考验我们的服务心态和耐心。

@ 熊猫眼

广州民航职业技术学院民航运输专业，航空公司地勤

教育

9

- 师范
- 培训机构
- 国学

师范

Pedagogical

对于大部分人来说，3 周岁进幼儿园，6 周岁读小学，12 周岁进初中，15 周岁读高中，18 周岁终于“解放”来到传说中的大学，猛然发现这一切并不是终点。学有所成后，不能忘记的是幕后英雄——老师。

01 关注师范领域专业推荐

	主要区别	院校推荐
普通师范生	择业自由、正常交学费、考研不受限	华东师范大学、上海师范大学、湖南师范大学、安徽师范大学
公费师范生	免除学费、免缴住宿费，一般还补助生活费。毕业前及在协议规定服务期内，一般不得报考脱产研究生，履约任教服务期为 6 年	（部属）北京师范大学、东北师范大学 （省属）江西师范大学、福建师范大学

各阶段入学率	1978 年	2019 年
小学（净入学率）	94.0%	99.9%
初中（毛入学率）	66.4%	102.6%
高中（毛入学率）	35.1%	89.5%
高等教育（毛入学率）	2.7%	51.6%

截至2019年年底，全国共有义务教育阶段学校21.26万所，招生3507.89万人，在校生1.54亿人，专任教师1001.65万人，九年义务教育巩固率94.8%。

1978 年 vs 2019 年
各阶段入学率

02

2010 — 2019 年
国家财政性教育经费投入变化趋势

03

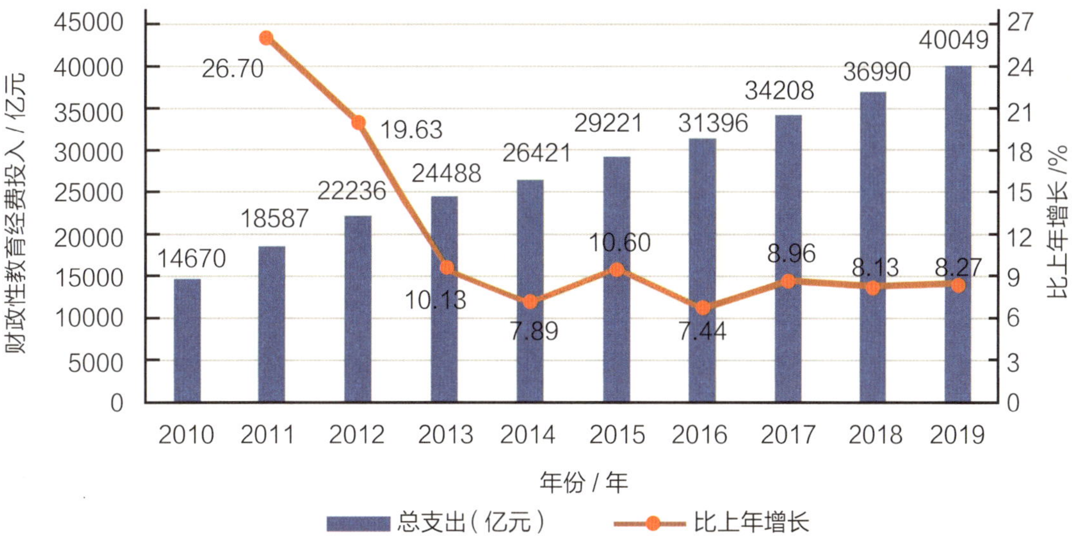

2010—2019 年，国家财政性教育经费投入额逐年递增。教育经费的增加，体现出国家实施科教兴国战略的坚定信念，为教育事业发展铸就稳固的物质基础。

听他说

有人认为公费师范生因为贫穷，所以更应艰苦朴素；因为享受“免费午餐”，所以更应努力学习；因为要回原籍工作，所以在校期间谈恋爱很不现实……其实，这都是对公费师范生政策的误读。

免费政策表达的是政府的态度，是国家重视教育事业、重视教师培养的一种价值取向，而不是简单意义上的“扶贫”。公费师范生专业课程针对性较强，我大二开始见习，当着全班同学的面讲课，讲完后会收到录像视频，可以从视频中找到自己的不足。

大三下学期，我便回到家乡重庆酉阳，在当地的实验中学教初中数学，这叫“顶岗支教”。

@ 冉晓花
西南大学数学与应用数学专业，中学教师

经过 3 年多的迷茫探索，我终于以教师身份走进了自己理想高中的课堂。

在海南师范大学就读“尴尬”的非师范专业的我，大一途中曾尝试转为公费师范生，却因省内名额限制而落败。非师范生是可以成为教师的，现在很多学校更愿意接受有丰富教师背景的人。只要掌握教师核心技能，谁都有可能成为一名教师。

在学校里，我们可以选修师范类课程，若学校不开设这门课程，可在网络课程平台自学，或上网搜查优质的教学设计进行模仿学习。我的建议是不要错过生活中任何一个可以上台的机会。学校需要的是一个可以上好课、与学校气场相符的老师。

@ 栗子
海南师范大学新闻学专业，中学教师

很多人吐槽，中专毕业做幼师，大专毕业也是做幼师，本科毕业还是做幼师，甚至还有全日制硕士也来做幼师。那我们当初考这么高分不是浪费了吗?

如果只是想做幼师混口饭吃，大专学历便足够；如果不仅是想混口饭吃，那么本科及以上学历则大有裨益。大专学历的幼师更擅长技能教学，本科学历的幼师相对更重视理论基础。本科学历的幼师更可能向行政方向、学术方向发展，或成为研究型教师。

@ 白渊
华东师范大学学前教育专业，幼师

培训机构

Training Institutions

一入“培训”深似海，尽管国家四部委发出了为中小学生“减负”的通知，但课外培训机构仍火爆。你追我赶，谁都不想输在起跑线上。

01

关注教育培训领域专业推荐

培训领域	相关专业	院校推荐
中小学课外辅导	汉语言文学	北京师范大学、杭州师范大学
影视编导艺考班	戏剧影视文学	南京大学、云南艺术学院
语言培训教学	英语、小语种	北京外国语大学、广东外语外贸大学
美术类艺考、小幼兴趣班	美术教育	中央美术学院、广西艺术学院
音乐类艺考、小幼兴趣班	音乐教育	中央音乐学院、哈尔滨师范大学

02 2020年中国教育行业各类机构分布

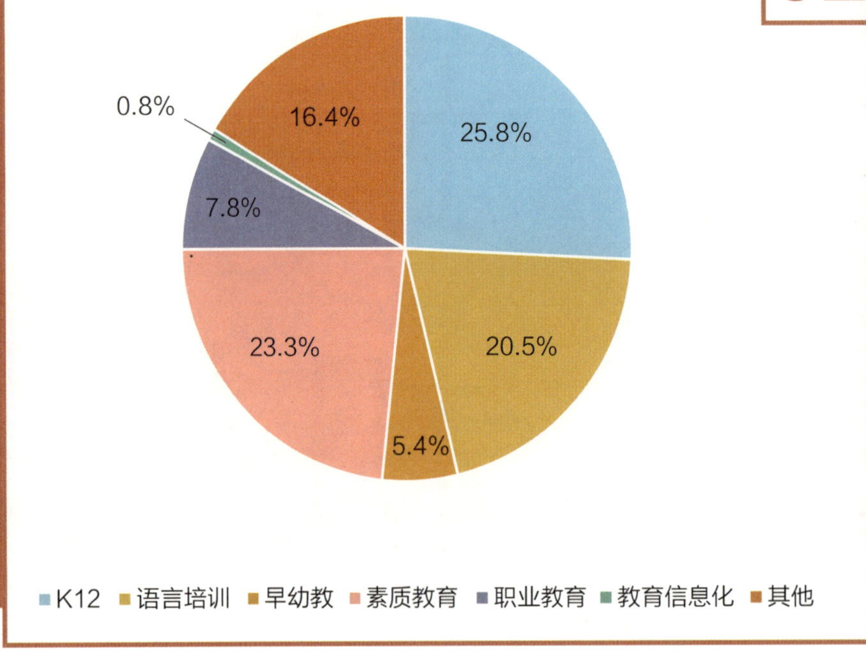

03 教育培训行业创业热点走向

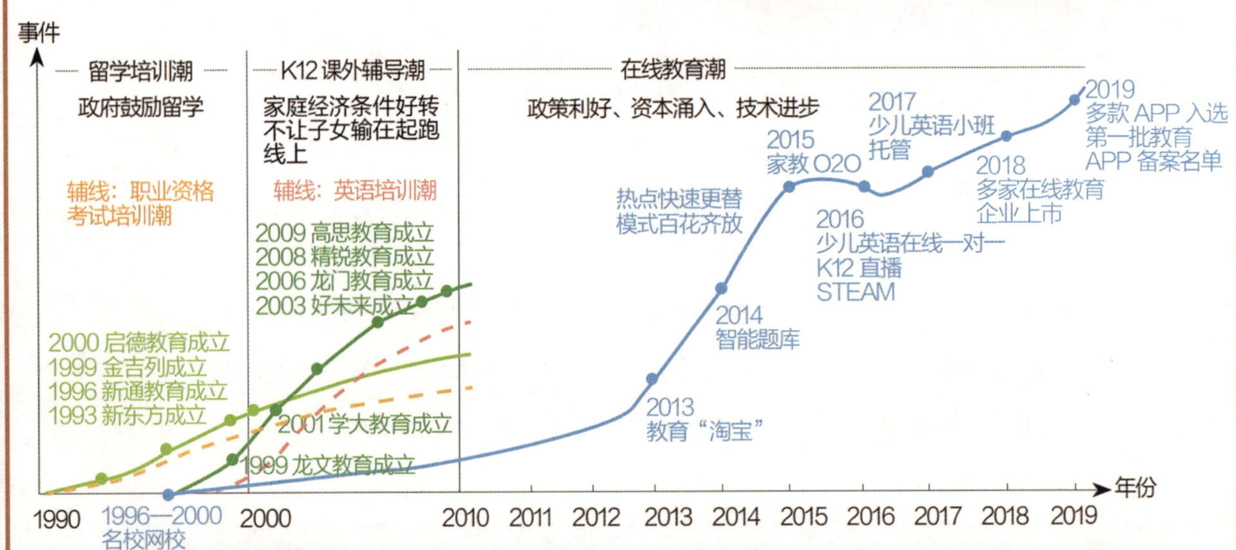

听他说

培训机构的老师一般是全职或专职的，兼职老师较少。全职老师周末上课，平时坐班；专职老师周末上课，平时则无须坐班。

在大型培训机构任职，我觉得要具备三种能力：专业功底要过关；亲和力要强；授课条理要清晰，感染力强。我们机构每到期末，教学组的全职老师要一起编写一份寒暑假教材，供“一对一”教学使用，我上课只须稍微修改一下机构提供的讲义即可。而有些机构则强调“一对一”教学的个性化，不会给教师提供现成讲义。

@ 且听风吟
华南理工大学英语专业，某培训机构教师

我在大学期间开始做兼职教师，主讲影视类课程。毕业后，我仍坚持给编导班的学生上课。起初，我将家变成了“教室”，一间屋子里挤了好几个学生。后来我决心辞掉“体制内”稳定的工作，租了一间小门面，开始我的创业生涯，一直做到现在。

做艺考培训很辛苦，你既是老师，又是市场专员，还要兼职做后勤。你需要有过硬的专业素养，主讲专业课程；你要有一颗“强心脏”，承受学生的升学压力；或许你还得是情感专家、家庭教育专家、心理分析师……

@ 叫我赵小姐
山西传媒学院广播电视编导专业，艺考机构创始人

我今年大三，休学一年跑去做了网络销售。受个人业绩影响，销售人员的“贫富差距”极大。毫不夸张地讲，入职第一个月，还是菜鸟的我就拿到了五位数的工资。

别看我赚得多，其实这份工作并不轻松，我每天除了睡觉，几乎都在和客户聊天。我时刻都在思考：去哪里挖掘客户？如何让客户购买产品？现在是互联网时代，很多营销手段可以轻松揽来大批意向客户，如何将“意向客户”转化为“准客户”，是每个销售人员需要钻研的。

@ONE
西南大学自动化专业，某在线教育平台网络销售专员

国学

National Culture

以为穿上汉服读经、写毛笔字、弹古琴、背几句百家姓就是国学？以为将房子建得“复古”点儿、挂几幅国画、摆几件红木家具就是国学学院？“复制粘贴”可不是国学教育的终极目的，要通过国学熏陶，培养学生的文化认同感、民族认同感和国家认同感。联手弘扬中华优秀传统文化，世界正看中国。

01

对外汉语教学	
相关专业	院校推荐
汉语国际教育	华东师范大学、山东大学、广西民族大学、安徽大学
应用语言学	北京大学、华侨大学、赤峰学院、甘肃民族师范学院
汉语言文学	北京师范大学、福建师范大学
外国语言文学类	上海外国语大学、宁波大学、湘潭大学

国学领域		
相关专业	院校推荐	主要课程
哲学（国学方向）	复旦大学、中国政法大学	先秦诸子、国史概要、古希腊哲学等
人文科学试验班（国学）	清华大学、厦门大学、武汉大学、郑州大学	音韵学、“四书”研读、世界上古史、史学方法和社会理论等
历史学(国学方向)	西北大学、曲阜师范大学（卓越班）	国学经典、国学概论等

关注对外汉语教学及国学领域专业推荐

02 2015—2019年我国少儿国学教育行业市场规模及增速

当前，我国少儿国学教育行业相关企业主要经营模式包括开设读经班、国艺类特长及兴趣班，开设家庭作坊式私塾，开发经典诵读的读本、教材、国学机等产品，开办各类国学教育公益讲座及公益活动，开办国学师资培训、国学游学、国学培训。前七种经营模式均显初级，商业化程度较低级；而国学培训属于大K12教育新兴细分赛道，商业运作机制清晰利于规模化复制。

03 2021年度国内外出版机构国际中文教材对比

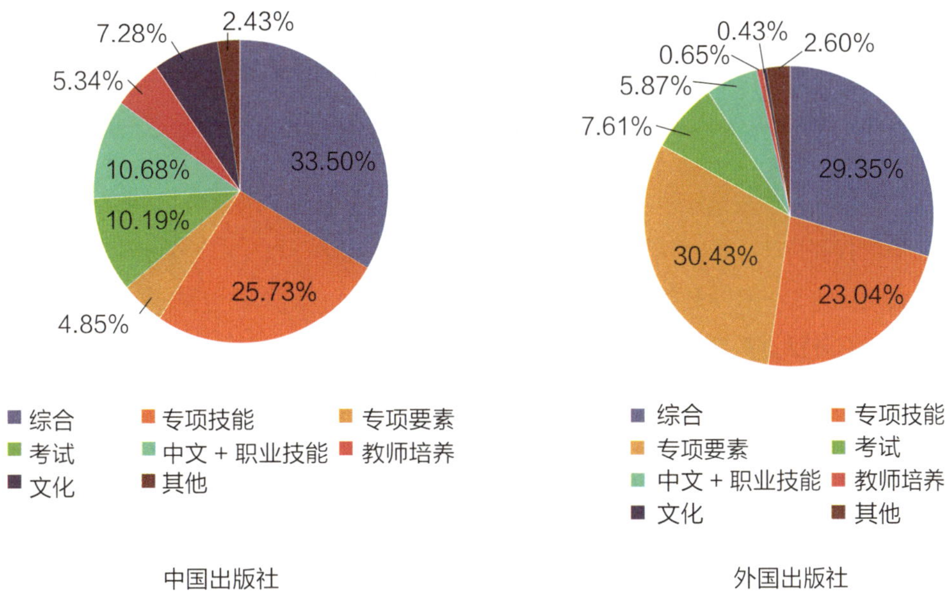

听他说

我在菲律宾一所公立大学里做志愿者，负责二年级中英教育双语本科班的中文教学。在这里做志愿者的工作强度不大，我每周上 12 节课，不上课时须要坐班，负责新闻编写以及记录大事记。

在做志愿者期间，我的教学能力得到了提高。在国内能走上讲台的机会很少，而在这里，却有机会把课本上的知识付诸实践。

尽管身边有很多同事和学生陪伴，我还是时常感到孤独。我开始理解为什么汉办选拔考试如此重视“心理测试”环节。想要找到一份满意的工作，关键还是在于提升自己的“硬实力”。

@ 张忆晨
西北大学对外汉语专业，对外汉语教学志愿者

儒学院和国学院不同，这里没有音韵学或金石学等“高大上”的学科。即便这样，我们也会被大家视为神秘国度走出来的蒙面人。

自从学了这个专业，我在性格和处事方式上有很多改变。比如，我不会被别人嘴里讲的传统道义和规矩“绑架”。很多人说做人要“以德报怨”，但孔夫子讲的其实是“以直报怨，以德报德”。

学习国学的人，年深日久后，整个人会变得通透。所谓通透，或许就是“人生最大的勇气就是认清了生活的本质之后，仍然热爱生活”。

@ 东方国学
中国政法大学国际儒学院，对外汉语教师

我在国外一所学校做汉语教育工作，平时工作内容主要有汉语教学、中国传统文化推广活动、赴华项目和行政工作。汉语教学又分为学分教学和非学分教学。学分教学课程生源稳定，教学模式化；非学分教学是指在校园内开办的兴趣班教学，教学方式更加灵活多样。

这些年对外汉语教学是在海外发展较快的与中国文化相关的行业之一，越来越多的外国人开始对汉语产生兴趣。

@ 丁小点
重庆师范大学汉语国际教育专业，对外汉语教学工作人员

传播

10

- 小语种
- 社交
- 新词语

小语种

Minority Language

从难度来说，坊间有传言：三分钟学会韩语，三小时学会英语，三天学会法语，三个月学会日语，三年学会德语，三百年学会阿拉伯语。从范围来讲，会英语、法语、西班牙语三门语言加上中文，就差不多能和世界上 90% 的人正常交流了。从风格来谈，小舌音偏多的法语是对朋友讲的语言，大舌音居多的意大利语是对情人讲的语言，祈使句生活化的西班牙语是对上帝讲的语言，铿锵有力的德语是对对手讲的语言。你的看法呢？

01

排名	学校名称	推荐语种
1	北京外国语大学	俄语、阿拉伯语、日语、西班牙语
2	同济大学	德语
3	对外经济贸易大学	西班牙语、阿拉伯语
4	黑龙江大学	俄语
5	广西民族大学	越南语、老挝语、泰语、柬埔寨语
6	武汉大学	法语
7	大连外国语大学	朝鲜语、日语
8	广东外语外贸大学	日语、印度尼西亚语、马来语、泰语、越南语、朝鲜语、法语

关注小语种
领域专业推荐

02 中国关键外语语种次数统计

序号	语言	次数	序号	语言	次数	序号	语言	次数
1	英语	129	11	西班牙语	10	21	蒙古语	4
2	法语	59	12	泰语	8	22	高棉语	4
3	阿拉伯语	43	13	越南语	8	23	南非荷兰语	3
4	马来语 / 印尼语	29	14	意大利语	8	24	豪萨语	2
5	俄语	24	15	菲律宾语	7	25	孟加拉语	2
6	日语	18	16	泰米尔语	7	26	尼泊尔语	2
7	印地语 / 乌尔都语	14	17	缅甸语	6	27	哈萨克语	2
8	德语	14	18	老挝语	5	28	吉尔吉斯语	2
9	葡萄牙语	14	19	波斯语	4	29	索马里语	2
10	朝鲜语 / 韩语	13	20	斯瓦希里语	4			

上海海事大学的张治国教授在《中国的关键外语探讨》[《外语教学与研究》(外国语文双月刊) 2011 年第 1 期] 一文中提到从政治、经济、综合国力与教育、信息安全、地理位置和语言本身的强弱等因素来分析关键外语，并对关键外语做过统计，将中国的关键外语分为三个等级：

一级关键外语：英语、法语、阿拉伯语、马来语（印尼语）、俄语、日语。

二级关键外语：印地语（乌尔都语）、德语、葡萄牙语、朝鲜语（韩语）和西班牙语。

三级关键外语：泰语、越南语、意大利语、菲律宾语、泰米尔语、缅甸语、老挝语、波斯语（法尔西语、达里语、塔吉克语）、斯瓦希里语和高棉语。

03 2018 年在中国最受欢迎的外语语种

2018 年，法语是除英语外使用国家最多、应用范围最广的语言。法语专业学术就业方向广、收入高。西班牙语是联合国 6 种工作语言之一，也是不少拉丁美洲国家和地区的官方语言，西班牙语人才就业空间十分宽广。

随着中日韩三国贸易合作越来越密切，熟练掌握日语或韩语有助于进入日韩投资的外企或前往日韩两国寻求发展。

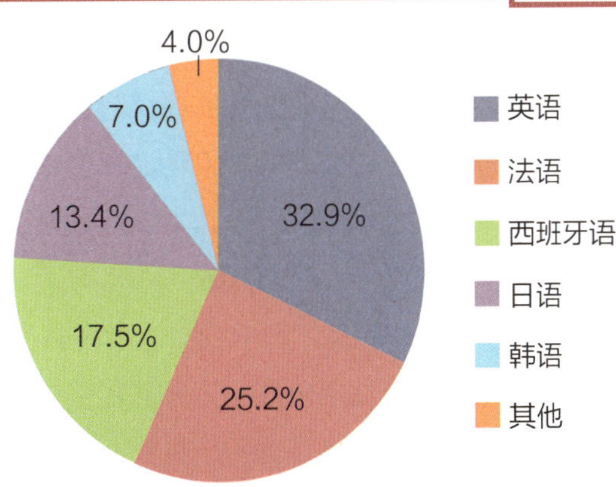

听他说

自由翻译的薪酬区间比较大，低等薪酬每年 12 万—18 万元，中等薪酬每年 18 万—30 万元，中高薪酬每年 30 万—50 万元，高薪酬（一般自己成立工作室）每年 50 万—100 万元。

做翻译最成功的就是自己成立翻译公司，兼做翻译培训。做公司的 in-house（机构内部的）翻译，侧重口译，年薪一般是 10 万—15 万元，侧重笔译，理想年薪应该在 12 万元以内，工资增幅有限。在企业里做翻译有个好处，如果你不想做了，可以申请转岗。很少有人会一直在翻译岗位上，都是慢慢往管理岗位发展。

@ 墨力 Molly
北京外国语大学英语专业，中英同声传译

第一次参与外交官培训，我被韩红演唱的《情对祖国讲，爱对祖国说》感染，认为外交官是一个特别有情怀的职业。但得到外派机会时，我还是犹豫了很久，毕竟需要长时间远离家人、朋友和熟悉的环境。当时想想，人生的意义就在于不断体验未知来丰富自己，因此我还是接受了这个远赴他国的机会。

一段时间后，我开始喜欢这样的工作与生活。没有升官发财的远大理想，我只想尽量细致温柔地做好自己的本职工作。不同文化与语言交流的碰撞，会让人的思路逐渐打开，笑看国际与国内政坛的云谲波诡。

@Alicia
中央团校（中国青年政治学院）政治学与行政学专业，外交官

每年我都会问新生：“是你自己选的德语专业吗？为什么？”

很多大学生在学业不是很顺利的时候会变得不喜欢自己的专业，找各种托词而不去努力学习。一开始回答“喜欢”的同学以后就无法赖账啦！我帮他们都记着呢。

我认为兴趣在学习中的作用被很多人夸大了。静下心想想，任何专业学习都会有艰难的阶段。如果不能转专业，就不要找借口来解释自己的厌学情绪，而应努力克服它。如果能转专业，请迅速证明“自己有优秀的能力”并且能坚持下去。

外语是一扇门，能通往另一个世界。不走进去仔细瞧瞧，哪儿来的刻骨铭心与真爱？

@ 三月雨雪
燕山大学德语专业，德语老师

社交 Sociality

互联网垦荒者中七成是 30 岁以下的“小鲜肉”，大部分能月入过万；社交网络上三分之二的照片是女性，男性最喜欢浏览他们不认识的女性照片，而女性喜欢浏览她们认识的女性照片；超过七成的人会在手机上跟亲朋好友分享信息，他们最喜欢晒出来的是自己的心情……在腾讯全球合作伙伴大会上，众多大数据报告全面描绘出各个维度的互联网居民画像。

01 关注社交培训领域专业推荐

相关专业	院校推荐	就业方向
传播学	中国人民大学、中国传媒大学、西南政法大学	传统媒体、新媒体策划、行业编辑等
新闻学	西南财经大学、暨南大学、华东政法大学	新闻记者、网络编辑、文案策划等
数据科学与大数据技术	同济大学、对外经济贸易大学、中南大学	数据分析师、数据库管理员等
社会学	上海财经大学、华中师范大学、广州大学	市场公关、销售、行政等
软件工程	南京大学、同济大学、杭州电子科技大学	编程、软件测试、多媒体制作等

02

中国移动社交行业应用图谱

娱乐交友——以游戏或幽默段子为话题进行交友的应用；
趣缘交友——以兴趣爱好等个性化身份标识进行以恋爱为主要目的的交友的应用；
婚恋交友——有第三方（红娘）介入的以婚姻为最终目的进行交友的应用；
泛娱乐内容社区——基于一定的内容创作与分享的社区型交友应用。

03

2020 年中国移动社交用户使用社交产品需求调查

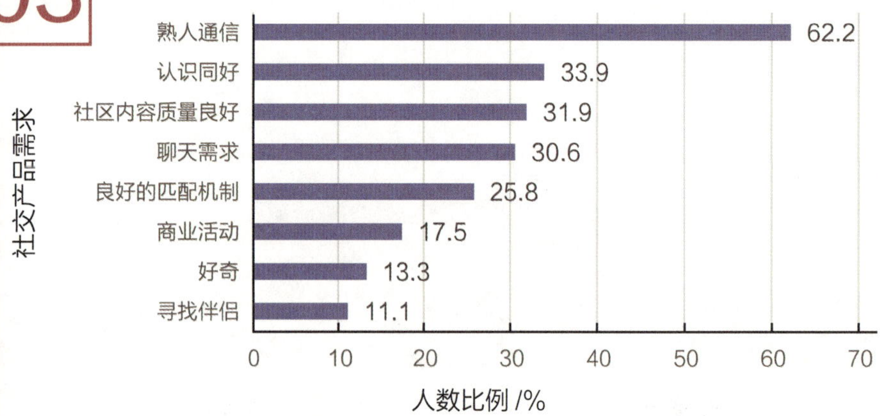

受访移动社交用户中 62.2% 表示使用社交产品是为了与熟人保持联系，可见通信需求仍占较大比重，其次是交友、娱乐和聊天需求。

2020 年中国移动社交用户使用社交产品功能偏好调查

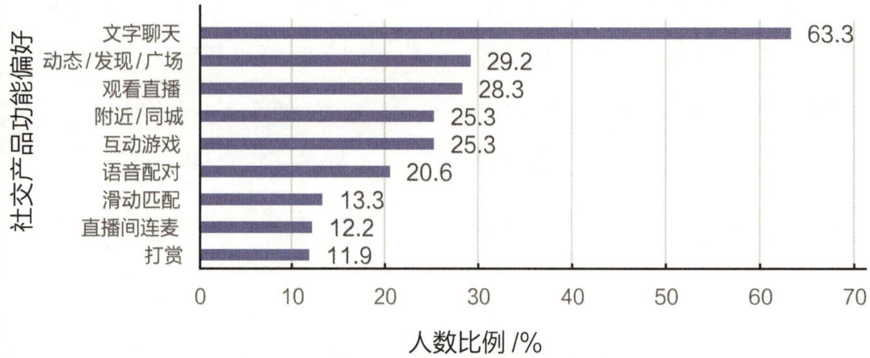

受访移动社交用户中，六成用户使用社交产品时更偏好于文字聊天，可见文字聊天依旧是主流；此外，约三成用户会使用动态功能和直播功能，直播互动能加深用户对对方的了解，相比其他新兴功能更受欢迎，可谓后来居上。

听他说

我在一家专业做大数据解决方案的公司担任数据分析师，我们的核心价值是帮助客户企业实现数据驱动。在这样的使命以及产品服务要求中，数据分析师会面对大量来自不同行业的客户。我们要了解客户的需求，配合对方将数据驱动落地。

我们服务于甲方，与多家公司沟通，同时还会有沙龙分享、客户现场演示等活动。随着业务的发展，我们与很多客户的合作不再仅仅是标准产品的接入，而是要进入深层业务。看到我们提供的方法论、产品、策略等为客户实现价值，我工作起来就充满了动力。

@ 陈新祥
同济大学统计学专业，数据分析师

自媒体人的一天是怎样的？

早上起床，我会快速浏览一遍几大门户网站的科技板块，再将前一晚所写的稿子投递到各个自媒体平台，然后浏览新闻。因为我专注于科技领域，所以各个客户端的科技板块是必看的。下午时间主要用来写稿。晚上九点多回家，在各个自媒体平台发布自己的稿子。接着看看书，浏览抖音、小红书、微信、微博等客户端，看到感兴趣的选题，会进行当天的二次创作。

每个自媒体人的做法都不太一样，写作风格和定位也不尽相同。但自媒体人首先得接收大量的信息，没有信息进来，就没有办法输出。

@ 郭良
南京工业大学计算机科学与技术专业，科技类自媒体人

在腾讯做了几年产品，我最大的感受是没有流程，只有不惜代价的反复迭代与打磨。

我曾与张小龙（腾讯公司高级副总裁，微信创始人）面聊，他强调："需求书和 PPT 不必写得这么详尽，否则思路难免会有局限性。"在腾讯没有流程，只有无数的深夜讨论，反复的推翻重来和不遗毫发的产品找茬。有时候一个功能会反复迭代十几个版本，微信朋友圈功能就预研了两年时间。

抱着"做一个伟大的产品取悦自己"的信念，把自己当成产品的主人。抛开杂念，专注于产品。在不断试错的过程中，终能找到最适合产品推广的道路。

@ 刘夏璐
暨南大学工商管理专业，腾讯高级产品经理

新词语 Neologism

2023年，你“把快乐穿在身上”了吗？看起来“泰酷辣”，可别一不小心成了“显眼包”！主打一个“特种兵式旅游”的时代，到头来成了学生开学前的“特种兵式学习”，如果在食堂不幸遭遇“指鼠为鸭”，还真验了那句“纯爱战士应声倒地”的谶语。学历不但是敲门砖，也是天之骄子下不来的高台，更是孔乙己脱不下的长衫，家人们懂吗？

01 关注新词语领域专业推荐

相关职业	相关专业	推荐院校
图书（网络）编辑	编辑出版学	北京大学、武汉大学、中国传媒大学
翻译	外国语言文学	北京外国语大学、四川外国语大学、广东外语外贸大学
新媒体运营	新闻学、传播学	中国人民大学、中国传媒大学、西南政法大学、复旦大学、中山大学
广告文案	广告学、市场营销	厦门大学、深圳大学、武汉理工大学

02

汉语盘点 2023 部分词语展示

2023 年度十大流行语（节选）	
中华民族现代文明	中华民族现代文明是中华文明的现代形态，是中国式现代化创造的人类文明新形态
全球文明倡议	该倡议顺应国际社会增进文明对话交流、促进文化繁荣发展的共同需求，有助于提升中国的国际影响力，展现中国的大国责任和担当
数字中国	旨在以遥感卫星图像为主要的技术分析手段，在可持续发展、农业、资源、环境、全球变化、生态系统、水土循环系统等方面管理中国
2023 年度十大新词语（节选）	
生成式人工智能	一种通过学习大规模数据集生成新的原创内容的新型人工智能，以 ChatGPT 为代表
村超	是贵州乡村足球超级联赛的简称，该赛事因其独特的民族特色和激烈的比赛氛围在网上广受欢迎
特种兵式旅游	年轻人试图用最低的经济成本，挑战时间与体力的边界，以此换取最丰富的旅游文化体验
2023 年度十大网络用语（节选）	
烟火气	指生机盎然、充满活力的生活气息
多巴胺穿搭	一种通过服装搭配来营造愉悦感的穿搭风格，特点是缤纷、阳光、活力
显眼包	原义指过于张扬、爱出风头的人，现在网络平台上以戏谑的方式指称那些个性鲜明、敢于展示自我、能营造欢乐氛围的人或事物

汉语盘点2023是国家语言资源监测与研究中心、商务印书馆、新华网联合主办的活动。“汉语盘点”活动始于2006年，旨在用一个字、一个词描述当年的中国与世界，鼓励全民用语言记录生活，描述中国视野下的社会变迁和世界万象。

《牛津英语词典》近年收录的部分汉语词

汉语词	对应《牛津英语词典》词	汉语词	对应《牛津英语词典》词
红包	hongbao	加油	add oil
大排档	dai pai dong	中国宇航员	taikonaut
孔明灯	sky lantern	关系	guanxi
易经	I ching	点心	dim sum
衙门	yamen	饺子	jiaozi
茅台酒	Mao-tai		

03

听他说

穷则思变，变则通，通则顺。历史上的语言、词汇改变，并没有摧毁文化，反而让文化历史在变迁中得以延续和传承。这种根植于社会大众的沟通工具的进化演变，是不可能被人为限制和控制的。

现在互联网阅读对传统纸媒的巨大冲击，固然有科技发展的因素，但语法、词汇僵化，不能适应时代发展，也是其中一大深层因素。而当大量读者被我们推向了互联网阅读后，再想培养他们对纸媒的阅读习惯，则可谓难于上青天。近几年纸媒的快速衰落，值得传统出版从业者反思。

@ 杜辉
南京大学编辑出版学专业，图书编辑

在人类交往的过程中，不同文化、不同语言都会互相影响。

现在，大众特别是青年人常借助网络这个广阔的平台，大展身手，突破某些语言规范的束缚，竭力加大语言的表现力，使得语言发生变异。

网络语言是现实自然语言的变异形式，它在几亿网民中使用，必然会对汉语的发展产生影响。其中一些有表现力的语汇、格式或用法会被吸收到全民语言中，增强民族语言的活力，如“酷、雷人、给力”等已赢得社会认同，有的词语已经在正式的字典、词典中占得一席之位。

@ 叶郁林
北京大学汉语言专业，汉语词典编纂者

现在的网民年轻化、学历高等化，对新鲜事物的接受度高，富有极强的创造力。他们总是能结合时下热点，敏锐地从网络语音、视频中发现乐趣。他们善于将谐音、方言词和旧词革新转化，最大限度地在网络上呈现出搞笑、诙谐甚至有些“低俗”的“新词”。由于网络传播速度很快，这些“新词”就被大众“共鸣”为“热词”。

社会进步，除了劳动生产力的进步，国民思想的进步在网络中也能从侧面体现。抵制网络不良“新词”，关乎互联网的健康发展和社会的持续进步，也是新时代公民媒介素养的体现。

@ 王鹏
西南政法大学新闻学专业，新闻工作者

军事&外交

- 武器
- 国防
- 外交关系

武器 Weapons

“十八般兵器”你究竟知道多少？“吃鸡”手游风靡全国，完美继承与还原各种枪械，近距离扫射的步枪，配件齐全；后期神器狙击枪，一发即中，千米外取他人首级。高精武器，谁是你的“菜”，哪款最顺手？战场上见真章。

01

关注武器领域专业推荐

相关专业	院校推荐	就业单位代表
武器系统与工程	中北大学 中国人民解放军陆军工程大学	国家国防科技工业局
武器发射工程	南京理工大学 陆军军事交通学院	中国兵器装备集团有限公司
探测制导与控制技术	哈尔滨工业大学 沈阳理工大学	中国北方工业有限公司
弹药工程与爆炸技术	国防科技大学 安徽理工大学	中国核工业集团有限公司
特种能源技术与工程	西南科技大学 中国人民解放军陆军勤务学院	中国航空工业第一集团公司
装甲车辆工程	重庆理工大学 中国人民解放军陆军步兵学院	中国船舶集团有限公司
信息对抗技术	西北工业大学 北京航空航天大学	中国电子科技集团有限公司

中国六大军工产业及十大军工企业

六大产业	十大企业
兵器	中国兵器工业集团有限公司 中国兵器装备集团有限公司
船舶	中国船舶集团有限公司
航空	中国航空工业集团有限公司 中国航空发动机集团有限公司
航天	中国航天科技集团有限公司 中国航天科工集团有限公司
电子	中国电子科技集团有限公司 中国电子信息产业集团有限公司
核	中国核工业集团有限公司

02 国防军工主要产品

按应用场景分类	按军种分类
战车 战机 海上装备 （水面舰艇、水下舰艇） 弹药 （枪炮弹药、导弹）	陆军产品 空军产品 海军产品 火箭军产品 战略支援部队产品

03 部分国家强势枪支

俄罗斯	AKM 自动步枪
美国	M1911 手枪　M16 突击步枪
德国	MG42 通用机枪　G36 突击步枪
英国	AW 系列狙击步枪
法国	Famas 自动步枪
中国	81 式自动步枪　95 式自动步枪
比利时	SCAR 突击步枪　FNC 自动步枪
以色列	Galil 自动步枪

听他说

我国五大战区基本情况：西部战区由除云、贵两省外的原成都军区、兰州军区合并而成，战区机关驻成都，陆军机关驻兰州，领导和指挥甘肃、宁夏、青海、新疆、四川、西藏和重庆等地所属武装力量；中部战区承担着保卫北京、天津等要地的职责；北部战区边邻朝鲜半岛、俄罗斯、蒙古，领导和指挥辽宁、吉林、黑龙江、内蒙古和山东等地所属的武装力量；南海舰队属于南部战区，该舰队是中国人民解放军海军三大舰队之一；东部战区几乎与原南京军区辖区相同，战区机关驻南京，陆军机关驻福州。

@ 迪生
哈尔滨工业大学飞行器设计与工程专业，军工企业研发工程师

先进武器对于强大的对手来说是一种威慑。集群攻击武器是美国按照信息化、智能化、系统化、实用化的方向最先研制的。

在海、陆、空领域，美国不断发展基于人工智能的无人集群攻击武器。无人机、无人舰艇、集群攻击武器等是未来 10 年世界范围内武器技术着重发展的方向。

@ 肯尼鼠
北京理工大学国防生，军工武器研究员

目前主要的高能激光器基本是化学激光器。单从输出功率上来看，化学激光器完胜固体、光纤、半导体激光器。

光子的来源是高能级粒子向低能级的跃迁，那么我们至少要提供能量将低能级的粒子“充能”到高能级。通过化学反应的化学能释放，能相对容易做到高能量密度、高功率。

大型地基高能激光器，大多是化学激光器，其能源基本是一些不太稳定、反应剧烈的气体，其作用距离基本能突破大气层。

@ 奇迹男孩
南京理工大学机械工程专业，激光武器研究专家

国防

National Defense

哪有什么岁月静好，只因为有人替你负重前行。灾难降临，他们冲在最前：面对熊熊烈火，他们选择逆火而行；面对滔滔洪水，他们用身躯筑起长堤；面对地动山摇，他们用鲜血铺就生命通道。哪里有危险，哪里就有中国军人！

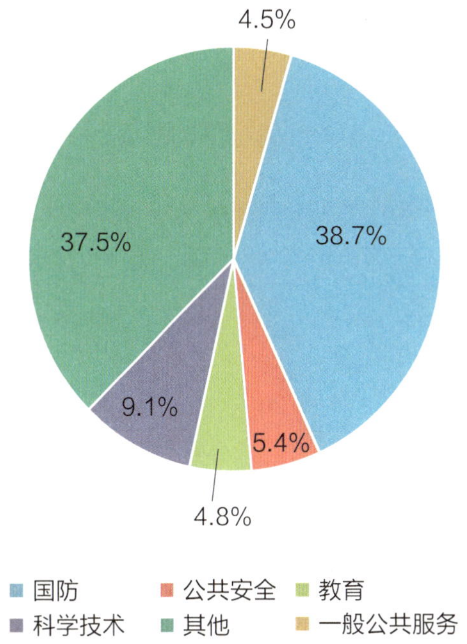

01

据财政部《2021 年中央一般公共预算支出决算表》，2021 年中央一般公共预算支出决算数为 117202.30 亿元；本级支出 35049.96 亿元，其中国防支出决算数为 13557.58 亿元，占比 38.7%，完成预算的 100%。

2021 年
中央一般公共预算本级支出

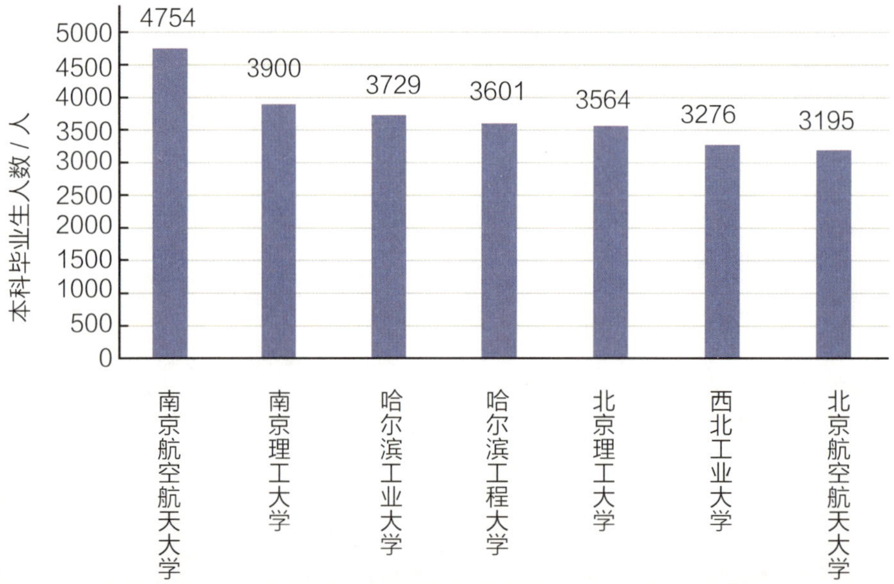

02 “国防七校”2019 届本科毕业生人数统计

根据 2019 年“国防七校”（北京航空航天大学、北京理工大学、哈尔滨工业大学、哈尔滨工程大学、西北工业大学、南京理工大学、南京航空航天大学）官方发布的数据显示，本科毕业生男生人数远高于女生，七所学校无一例外。2019 年，国防七校本科毕业生人数为 2.6 万人，其中男生人数占比 72%。国防七校均为理工类院校，这些院校开设的专业似乎更受男生青睐。

03 “国防七校”2019 届本科毕业生就业单位性质

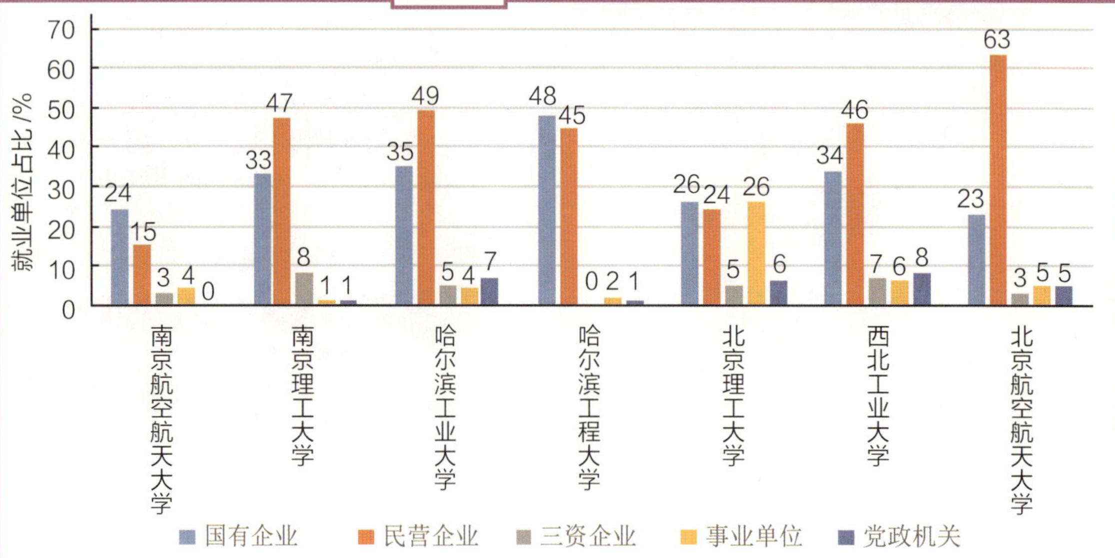

听他说

我国对国防费实行严格的财政拨款制度，每年的军费预算都纳入国家预算草案，由全国人民代表大会审查和批准，国家和军队审计机构对国防费预算及执行情况进行审计监督。

近年来，政府加强国防费科学化、精细化管理，推进资产管理改革，加强预算执行监督管理，提高国防费开支的透明度和规范性，确保国防费的正确有效使用。

适应军队职能任务需求和国家政策制度创新，深化军费预算管理和审计制度改革，是军队政策制度改革的重要内容。

@Cris 顽
国防科技大学应用统计学专业，经济分析师

因为专业性极强，专业军事技能的适用范围相当小，往往只有在战场上才有用武之地，日常生活中根本用不到。学生花费大量时间学习这些专业军事技能，显得既不经济也不实际。

从现代战争和现代军人的角度看国防教育，它就是为战争服务的。百姓生活在这片土地上，就有义务捍卫这片土地不受外来者侵略，但并非每个人都有这样的觉悟，所以国防教育才显得尤为重要。现代战争的出现更突出了国防教育的重要性。打造从人力密集型到技术密集型的“国防教育”新模式迫在眉睫。

@ 荔枝
清华大学新闻学专业，国防教育研究学者

中国与美国在军事装备上的差距，我认为分为“质”和“量”两方面。“质”的方面，一个是“代差”，一个是“参数”。我国现有的很多装备的整体性能已经和美国没有明显“代差”，“可比性”显著提高。

我国军迷见证了我军从弱到强再到更强的过程，大多数人较为认可我军已经取得的成绩，并希望中国军事国防力量的强大能更好地为祖国繁荣富强保驾护航。

@ 木招
西安电子科技大学通信工程专业，通信设备调测师

外交关系

International Relations

我们每一个人，都是中国奋斗史的一部分，每一次成功圆满的国庆招待会背后，都有着外交官的辛勤付出和默默奉献。大国一有来往，“外交人”便一路匆忙。聚是一团火，散是满天星，外交场上风云迭起，谁是最亮启明星？每个外交官，都是英雄！

01 关注外交领域专业推荐

相关专业	院校推荐	就业方向
外交学	外交学院 中国人民大学	在各级党政机关、外事部门、新闻单位和教学科研机构从事外事外交等工作
国际政治	华中师范大学 南开大学	在国家安全系统、外交系统、商务部和其他涉外部门工作
政治学与行政学	中国政法大学 南京大学	在中央和地方各级党政机关、军队系统、企事业单位从事涉外政策研究和行政管理等工作
语言学	北京语言大学 上海外国语大学	从事相关语种翻译，在语言学相关教学与科研机构从事教学及研究等工作
法学	武汉大学 华东政法大学	各级检察机关、审判机关、公安机关等从事涉外法律相关工作
国际事务与国际关系	湖北大学 湘潭大学	在政府涉外、涉侨部门，大专院校，涉外商业机构以及国际组织等从事对外交流、外事管理与服务、跨国商务等

02 外交术语的潜在含义

外交术语	潜在含义
坦率交谈	分歧很大，无法沟通
交换了意见	各说各的，没有达成协议
增进了双方的了解	双方分歧很大
会谈是有益的	双方目标暂时相距甚远，能坐下来谈就很好
我们持保留态度	我们拒绝同意
尊重	不完全同意
遗憾	不满
不愉快	激烈的冲突
严重关切	可能要干预
不能置之不理	即将干涉

03 2017—2018 年部分中美贸易摩擦事件及外交解决途径

时间	事件	外交方式前置解决途径
2017 年 11 月 13 日	美国商务部公布对华硬木胶合板产品反倾销与反补贴调查最终裁定	中国与美国之间通过各自外交部、驻外及常驻外代表机关进行针对贸易反倾销的初步交涉。外交前置交涉渠道一般有两种：一是通过中国外交部与美国驻在中国的使馆进行联系和交涉；二是通过美国外交部与中国驻在美国的使馆进行联系和交涉
2017 年 11 月 16 日	美国商务部宣布对进口自中国的冷拔机械管作出反倾销肯定性初裁	
2017 年 12 月 5 日	美国商务部宣布将对来自越南（原材料来自中国）的钢铁产品征收高额进口关税	
2018 年 2 月 27 日	美国商务部终裁中国出口到美国的铝箔产品存在倾销和补贴行为	
2018 年 3 月 15 日	美国决定对中国铝箔产品征收高额“双反税”	
2018 年 4 月 3 日	美国公布拟加征关税的中国商品清单	

听他说

近几年，大家共同的感受是，在国际外交上，中国确实硬气了不少，面对他国的挑衅，中方丝毫不退让。过去的外交辞令大多是“深感震惊”“强烈谴责”“深表遗憾”。如今，中国外交部长和大使锋芒毕露，在特定的问题上，用有威慑力的言辞表明了我国的态度与立场。

在外交场合上，态度应该强硬还是温和，这历来是见仁见智的话题。在某些国际外交场合上，态度强硬固然没错，但更重要的是行动上的强硬。在事关国家主权的问题上要这样，在关乎民生的小事上也要这样。

@ 藤奇
南京大学行政管理专业，外交部公务员

联合国不是世界政府，而是由会员国组成，自然要考虑各个会员国的意志。而在一些问题上可能存在发达国家与发展中国家的冲突，这使联合国权威受到影响。但这并不意味着联合国不重要，可有可无。历史上，也有少数国家绕开联合国安全理事会单独采取行动的情况发生。但联合国仍然是国际上最具普遍性、代表性和权威性的国际组织，其作用没有其他国际组织可以替代。

当今国际形势呈现多极化。同时，国际安全形势愈发复杂，仍然存在霸权主义、恐怖主义、分裂主义等不稳定因素，严重影响了世界和平与安全。单从联合国开展的维和行动来看，联合国发挥的作用是无可替代的。

@ 杜微微
华中师范大学国际政治专业，国际关系问题研究生

外交部发言人的答问原则中，有一项叫“不回答假设性问题”。

在实际情况中，如果发言人遇上了类似“如果 ×× 当选 ×××/ 进行 ×× 行动 / 采取 ×× 措施，中方作何评论 / 是否会采取行动？”的问题，可以选择不予回答。

一方面是因为发言人答问的基础是中国既定的外交立场和客观事实，另一方面是因为评论没有发生的未知事情，可能会限制自己未来的表态和行动。特别是发言人面对的都是来自世界各地，代表不同利益，持有不同立场的媒体，如果按照对方的节奏走，很容易陷入被动，也很容易造成误解。

@ 阿喀琉斯之踵
外交学院外交学专业，外交行业从业者

运动

10

- 体育赛事
- 运动场馆
- 大众健身

体育赛事

Sports Contests

2018 年世界杯对战比利时队的 1/8 决赛，日本队用赛场上的表现为自己赢得了尊严，虽败犹荣。央视解说贺炜感慨道：中国足球和日本足球职业化几乎同时起步，现在是两个不同层级的故事。

2022 年世界杯，日本队连续战胜德国队、西班牙队两支欧洲劲旅，以小组第一的成绩从“死亡之组”突围，虽然同上届一样止步十六强，却让世界再次见到“亚洲之光”。时隔 4 年，贺炜再发金句：请不要相信，胜利像山坡上的蒲公英一样唾手可得，但是请相信，世上总有一些美好，值得我们全力以赴，哪怕粉身碎骨。

01

关注体育赛事领域专业推荐

相关专业	院校推荐	就业方向
体育管理	爱丁堡大学（英国） 早稻田大学（日本）	组织、宣传体育赛事，管理俱乐部，做体育经纪人，也可以从事体育、运动、休闲活动的管理咨询等工作
体育与运动科学	拉夫堡大学（英国） 香港中文大学	体育教练、健康顾问、健身顾问、运动科学家、运动生理学家等
运动人体科学	科隆体育大学（德国） 北京体育大学	可在医疗康复机构，社会保健部门，社会体育组织、团体及大型企事业单位、体育健身及运动休闲场所等工作
新闻学	上海体育大学 武汉体育学院	可在广播电台、电视台、报社、网络媒体等从事体育记者、体育编辑等工作

02 世界杯与奥运会的“钱”世今生

2022年世界杯“钱”景一览	
项目	金额(万美元)
冠军	4200
亚军	3000
季军	2700
殿军	2500
八强	1700
十六强	1300
参赛准备费用	150
俱乐部利益计划	20900
俱乐部保护计划	13400

历届奥运会中国金牌国家奖励额度	
届次	奖金(人民币)
1984 年洛杉矶奥运会	6000 元
1988 年汉城奥运会	1.5 万元
1992 年巴塞罗那奥运会	8 万元
1996 年亚特兰大奥运会	8 万元
2000 年悉尼奥运会	15 万元
2004 年雅典奥运会	20 万元
2008 年北京奥运会	25 万元
2012 年伦敦奥运会	50 万元
2016 年里约奥运会	20 万元
2021 年东京奥运会	20 万元

03 2022 年世界杯国际足联收入情况

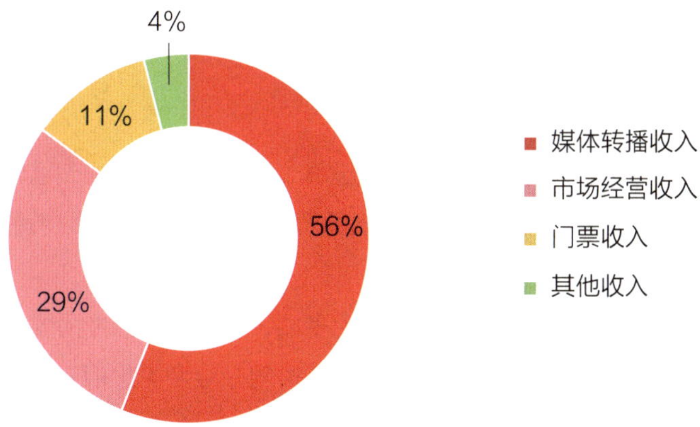

听他说

在正常训练期，我们一年四季都是 5：15 起床，花 5 分钟时间集合，教练掐秒表计时，迟到时间以秒计，有时一人迟到，全队都会受罚，这是对我们赛艇团队精神的考验。然后慢跑热身，活动关节，10 分钟即可完成。5：30 开始跑步，一般为 12 千米，有时会加量。

赛艇运动项目需要极强的耐力，第一圈和最后一圈的速度是相同的，不允许掉速，因此跑步时也要做到一圈 1 分 40 秒，匀速。上午的训练从 8：00 开始，下午从 14：00 开始，内容都是计划好的。晚上散散步、看看风景，适当放松，21：00 熄灯。不过一般在这之前大家就已经呼呼大睡了。

@ 一只河豚
南京体育学院运动训练专业，前职业运动员

成为一名体育记者的好处在于，可以近距离见到很多球星，尤其跟队时有机会和球员成为好友。可别误会，和球员成为好友并非为了出名赚钱，而是为了需要采访时，一个电话就能搞定。

有比赛和采访任务时，我们需要在赛前安排好日程、与后方沟通好重点、出发前频繁查看新闻、列好采访重点和任务。比赛期间按计划执行、尝试，记录有用的细节，多与球员、教练、同行交流，收集报道所需数据和素材，想好赛后报道的故事提纲，利用网络媒体快速报道即时新闻。赛后要特别注意收集、处理手里的素材以及后方沟通报道的内容。

@ 雨林君
北京体育大学体育新闻专业，体育记者

我的第一次解说是临时接到通知，于第二天早上顶替无法到场的解说员解说一场 NFL（美国职业橄榄球大联盟）常规赛。除常规的解说任务外，我还要翻译前 NFL 球员嘉宾对战术的所有评论。

美式橄榄球战术极其复杂，场面变化多端，对解说员的能力要求较高。人生第一次解说就面对这样的比赛，而且只有几个小时的准备时间，难度可想而知。好在首秀效果超出预期，就这样，我客串了一个赛季的 NFL 解说。

体育和体育比赛，说到底核心是人，是人与人之间的较量、人与人之间的故事。

@ 云深不知处
山西大学体育教育专业，综合体育赛事评论员

Stadium

运动场馆

当钢筋混凝土遇上脑洞与高科技，“巨型特斯拉”黄金一号中心每晚都在自我更新；“橡皮艇”安联球场外墙可进行魔幻般三色变化，能自我清洁、防火、防水还隔热；因冰雪而封闭了屋顶的札幌巨蛋体育场，天气好时，8300 吨的绿茵场将滑出体育场尽情享受新鲜空气与阳光浴……超越想象、突破极限的又何止竞赛？

01

关注运动场馆领域专业推荐

相关专业	院校推荐	就业代表
建筑学	东南大学 北京建筑大学	建筑设计与研究，城建管理规划，房地产开发，留校任教、做研究等
土木工程	华南理工大学 沈阳建筑大学	工程技术方向：建筑工程师、结构工程师；设计、规划及预算方向：项目设计师、结构审核、城市规划师；质量监督及工程监理方向：监理工程师等
城乡规划	大连理工大学 西北大学	在城市规划设计、城市规划管理、决策咨询、房地产开发等部门从事城市规划设计与管理等工作
给排水科学与工程	西安建筑科技大学 华北水利水电大学	在设计部门、规划部门、环境保护部门等从事给排水工程规划、设计、管理、科研等工作

02 世界五大创意体育场一览

体育馆	特 色
世界运动会体育场（中国台湾）	世界上最大的太阳能体育场。没有比赛时，其产生的电可供附近 80% 的居民使用
安联球场（德国）	世界上颜色变化最丰富多彩的体育场，外墙的颜色随比赛球队变化
阿韦罗市政球场（葡萄牙）	体育场的形状简单可爱，结合了各种颜色，充满活力。座椅五彩缤纷，颜色随机分配，会场空空时也不寂寞
滨海湾浮动体育场（新加坡）	世界上最大的浮动舞台。由拥有 3 万座椅的看台和位于 200 个浮筒之上、面积近3065平方米的钢结构平台构成，可承重 1070 吨
Igraliste Batarija（克罗地亚）	一个小型体育场，可容纳1000 人，原为 15 世纪克罗地亚 Trogir 的防御工事

03

2019 年中国体育场馆类型（按经营主体性质划分）

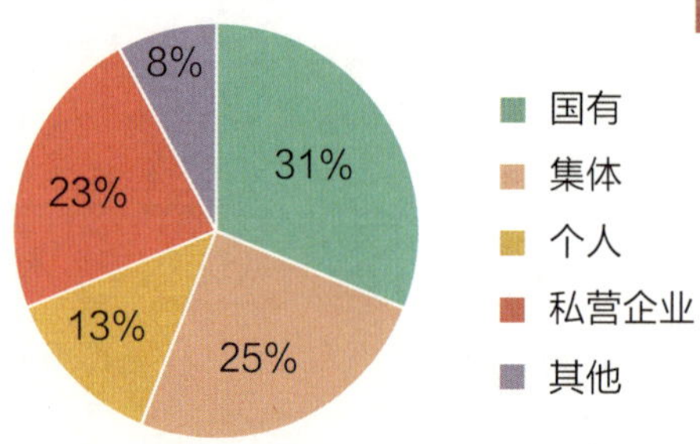

2019 年中国体育场馆分布状况（按类型划分）

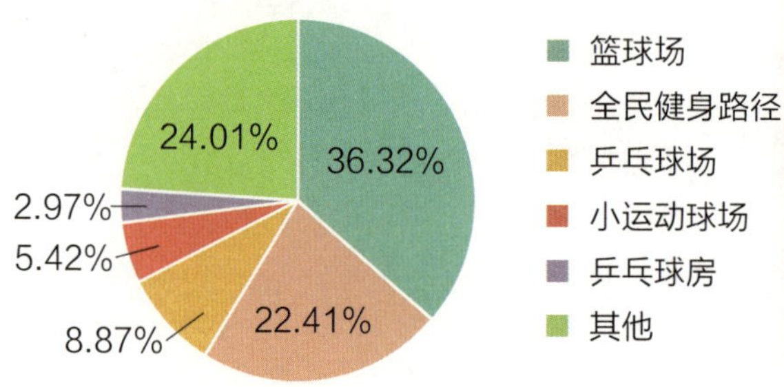

听他说

我在一个项目的主体结构封顶阶段担任过项目副主任。

当时，我带着质量检查小组，测垂直度、平整度，爬外架，查安全，花了整整一星期的时间才将 23 栋高楼逐栋检测完毕。室外管网未敷设完成时，遇到台风暴雨天气，我担心地下室倒灌，穿上雨衣雨鞋就往工地走……通常，我们在工作中会更细致、周全、有韧劲，在项目管理过程中可以发挥自身所长，与项目组成员合作，共同完成建设任务。项目完成后，我们有感慨有遗憾，更多的则是自豪和骄傲。

每一个建筑工程项目的完成，都是团队所有人智慧与汗水的结晶。

@ 闲鱼不是咸鱼
四川大学工程造价专业，造价工程师

建筑学是一个需要前期投入大量时间和依赖长期规划的专业，不仅需要我们有兴趣和热情，还需要我们了解的知识和具备的技能复杂多样，耐心和毅力不可或缺。遇到问题时，要能自我调整、反思进步。

建筑行业不可避免地会受经济趋势影响，转型和优胜劣汰必然会使一部分企业失去竞争力，造成企业裁员、就业困难等。但建筑更新是必然的，城市的人居环境需要优化，社会要向前发展。这个行业需要真正与时俱进的人才，如果不学习、原地踏步，必然会被淘汰。

如果你和我一样，心里充满着对建筑学专业的憧憬，那我们都得学会对时代的需求进行思辨和判断，成长为可持续发展的人才。

@ 椰子炖芒果
重庆大学建筑学专业，国家一级建造师

游泳场馆的运营是所有场馆中最复杂、最难的。

运营时首先要保证安全，救生安全、水质安全、顾客人身安全等。服务与品质包括场馆的配套设施是否完善、体育场馆的卫生条件是否让顾客满意、水质是否达标、配套中有无商品水的售卖等。

是否赢利是评价场馆运营的一大标准，场馆运营的利润创收点有哪些呢？在我看来，首先是体育培训。赛事、演艺活动的开发与引进是重头戏。边运营边创新，找到自己的核心竞争力，离赚钱就不远了。

@ 麦穗
苏州大学工商管理专业，体育场馆运营

大众健身

Health & Fitness

当智能手表提醒你该去健身时，你会一跃而起，还是会“葛优躺”着挥舞一分钟手臂？别人在上瑜伽课闭眼放松时，一不留神会了周公，我却在做仰卧起坐时，天亮躺下、天黑坐起。难怪有人说“健身房就像赌场，很多人花钱进去，赌自己能坚持几次锻炼”。健身无国界，国内外的“赌徒”似乎都是最懒的一届。

01

关注大众健身领域专业推荐

相关专业	院校推荐	就业方向
体育教育	首都体育学院 湖南师范大学	可从事学校体育的教学、训练、竞赛工作，体育科学研究、体育管理工作及社会体育指导等工作
运动训练	沈阳体育学院 华南师范大学	在学校、企事业部门、群众活动团体从事运动训练、体育教学和管理等工作
运动康复	南京体育学院 哈尔滨体育学院	在专业运动队、医院康复机构、健康与康复科研所、体育与卫生行政部门等从事康复治疗、健康测定与评估等工作
武术与民族传统体育	上海体育大学 成都体育学院	武术教练工作，也可在科研机构研究中国传统体育，还可从事教育教学工作

02 2015—2021年我国参与健身人数

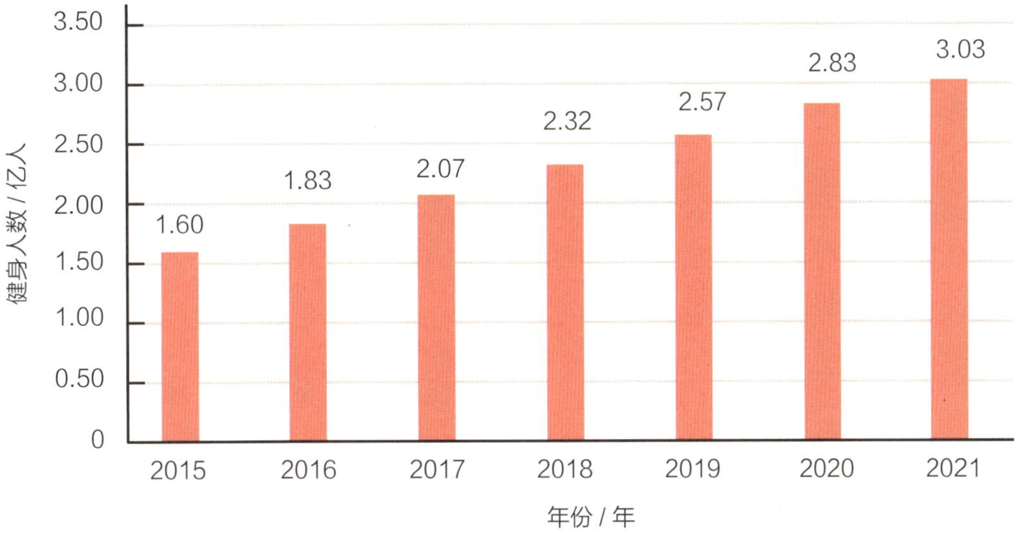

我国全民健身基数庞大，项目多样。至2021年，共有约五分之一的人积极从事各项体育活动，运动呈现多样化的特征。

03 2022年大众健身运动项目参与度

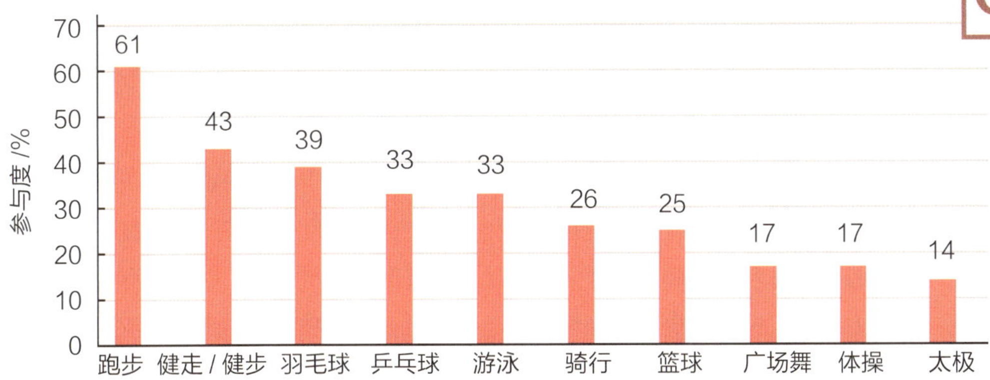

2022年，我国大众健身所选择的运动项目相对集中，参与度超过25%（含）的运动项目高达7项，其中最受欢迎的三大球类运动分别是羽毛球、乒乓球和篮球。

听他说

健身会籍顾问听起来“高大上”，其实只是个负责推广健身的业务员。

我一般下午上班。扫楼发单页、电话邀约会占据整个下午的时间，晚饭后继续发单页。

若成功邀约到了客户，会带领客户到健身房进行体验。

这份工作很累，有时工资甚至很低。但销售冠军拿到过万的月工资也是常态，让人很是佩服。要想成为顶尖的销售，没时间沮丧，就是要努力干！

@ 白胖纸
湖南师范大学市场营销专业，健身会籍顾问

私人健身教练对公司的经营管理制度、人事管理制度、自身工作内容必须了如指掌，在此基础上发展健身会员。

我们本身不是销售，但要把健康课程推荐给客户，这个过程与销售类似。这不仅需要技巧，由于涉及金钱交易，还需要与客户建立信任感。

健身客户上升为健身会员后，我会根据会员的工作强度、工作属性为其制定科学的健身方法。然后实时监督会员健身行动，定期检测会员健身效果，及时处理会员健身过程中的各种问题，协助会员实现减肥、瘦身、塑形等多元化健身目标，从而帮助他们养成健康的生活方式。

@ 一颗启明星
吉林体育学院体育教育专业，私人健身教练

健身器材产品工程师分为初级、中级和高级三个等级。

初级工程师的工作主要是整理、修改并完善图纸，编译并完善产品说明书；中级工程师主要是完成健身器材的结构设计，参与工厂的研发工作，跟进打样进度，落实研发进度，指导产品质量监控与管理的检验标准；高级工程师必须能独立完成健身器材项目，对产品有较高的认识，能够从结构、力学、人机工程学等角度对产品进行分析，每一项都是对个人专业素养与职业硬实力的考验。

@ 这是腹鸡
长安大学工业设计专业，健身器材产品工程师

人工智能

- 服务机器人
- 无人驾驶
- 智能家居

13

服务机器人 Service Robot

当星巴克与无人咖啡亭狭路相逢，是经标准培训的星级咖啡师更胜一筹，还是复制咖啡大师手法的机器人略胜一招？有人因服务机器人的到来而陷入生存焦虑与失业恐慌，也有人因技术进步、服务提升而更加关注爱与自我实现。智能时代降临，人类依旧是脆弱的芦苇，但将是更有思想的芦苇。

01

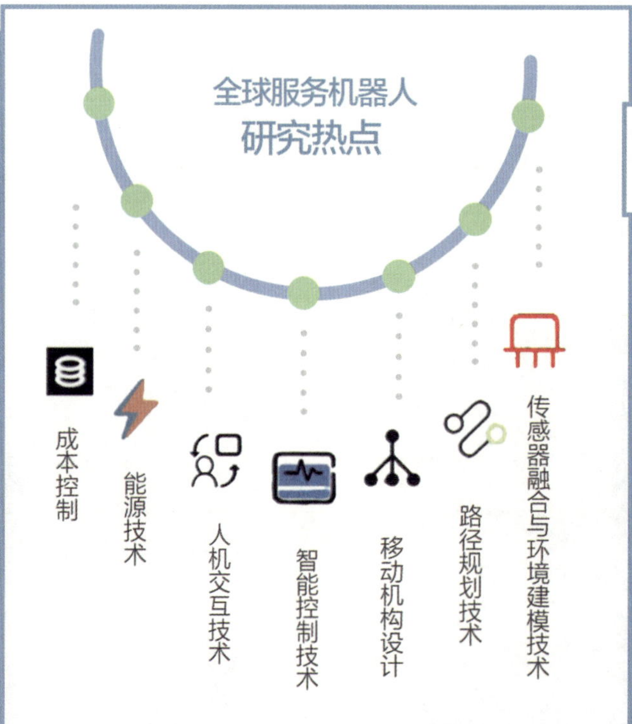

全球服务机器人研究热点

02

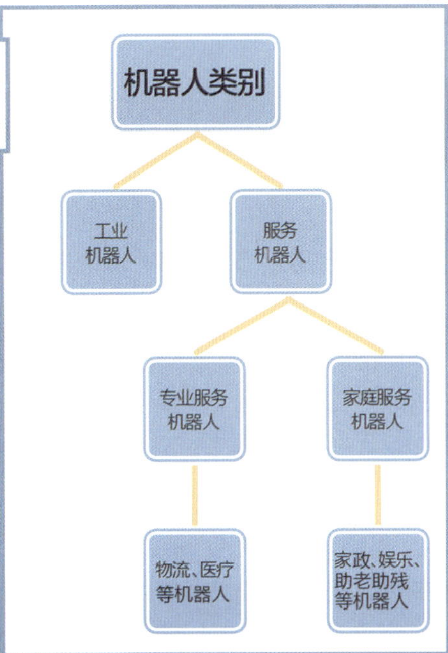

机器人类别

政策助力、陪伴需求、可支配收入提升、科技成本降低等是服务机器人发展的驱动力。

03

2019 年中国服务机器人应用结构分布

从应用结构来看，2019 年中国家用服务机器人、医疗服务机器人和公共服务机器人市场规模占比分别为 48%、28% 和 24%，家用服务机器人市场份额领先。未来，随着新兴应用场景机器人的快速发展，我国服务机器人市场规模有望进一步扩大。

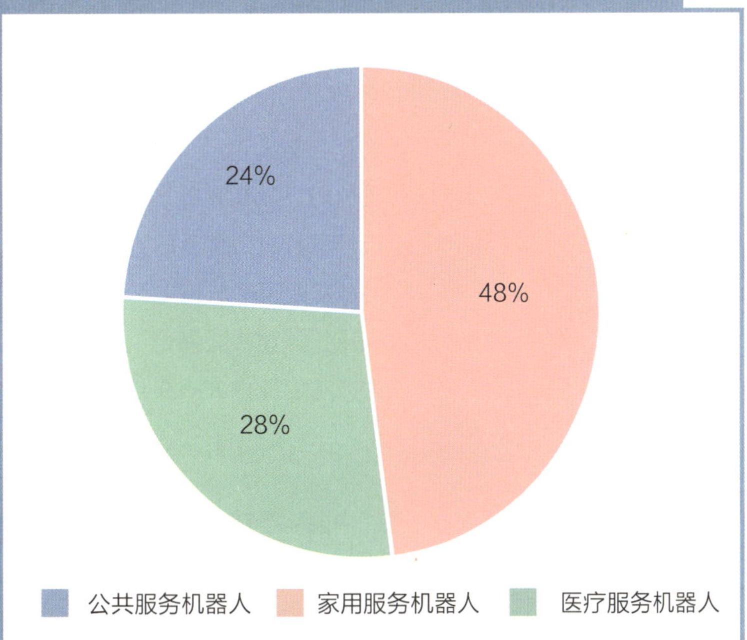

听他说

我所在的人工智能实验室研究的方向包括自然语言理解、知识图谱、语音识别、声音信号处理、计算机视觉、机器人控制、硬件研发、云端技术研发等。

有人说，自然语言理解是 AI 领域排名第一的难题和挑战，确实如此。不同于语音和图像的感知智能，语言是认知智能，如果机器可以实现完善的自然语言理解，那么我们距离科幻片中的人工智能就很近了。

机器自然语言理解能力的提升是一条漫漫长路，我认为甚至需要基础科学的突破。

@ 冷哲
武汉大学软件工程专业，NLP（自然语言处理）高级算法工程师

机器学习有两大难点，一是处理数据格式、不兼容和报错，二是训练深度学习模型。处理数据格式的不一致和报错经常混乱且费力。人们有时会将机器学习和数据科学分开，因为对机器学习来说，有时会直接用清洗过的数据进行训练。然而在我的经验中，数据清洗和训练模型是相关的：我常在训练模型时发现问题，只能改变输入数据的预处理方法。

关于训练深度学习模型，很多新手在一开始训练模型时很容易受挫，即使是专家也常感到沮丧。这表明训练过程并未自动化，如果有某些能稳定训练深度学习的方法出现，对这个领域来说一定是个巨大的进步。

@ 请叫我小学生
浙江大学数学与应用数学专业，机器学习从业人员

我一直在做人工智能领域相关的研究。在我看来，个性化的机器人在未来会扮演越来越重要的角色。现在市场上的机器人已经开始进入生活的方方面面，随着用户数据的累积，这些机器人会越来越人性化，变得像你的朋友或家庭成员。

情感计算也很有潜力。除了完成任务和功能强化，人们普遍希望能拥有并使用更为人性化的计算机和智能设备，甚至开始期盼它们能像人一样具有情感，能够与人自然、亲切地交流互动，能体会人的喜怒哀乐。

@ 木木木白
中国科学技术大学计算机科学与技术专业，人工智能研究员

无人驾驶

Driverless Car

在城市的“钢筋铁林”里，无数随机出行的人做着“布朗运动”，毫无规律与协调可言。若给未来城市安装一个“超级大脑”，再加上无人驾驶，改善的将不仅是交通，还有整个城市与社会。当万物互联，面对大数据与机器智能的挑战，你准备好了吗？

01 关注无人驾驶领域专业推荐

相关专业	院校推荐	就业代表
通信工程	天津大学 重庆邮电大学	在通信设备、新能源、电子技术、互联网等领域工作，主要职业包括通信工程师、硬件工程师、技术支持工程师、嵌入式软件工程师等
车辆工程	吉林大学 长安大学	汽车工程设计、制造、实验、运用、研究等工作，高级汽车、新型汽车设计开发对人才的需求尤甚
电子信息工程	电子科技大学 中国科学技术大学	无人机协同，车联网，水声通信，车牌、人脸、指纹识别等领域
计算机科学与技术	浙江大学 华中科技大学	国内外大型电信服务商、大型通信设备制造企业进行技术开发等工作
电气工程及其自动化	重庆大学 南京航空航天大学	电气工程相关的系统运行、自动控制、信息处理、实验分析、研制开发等工作

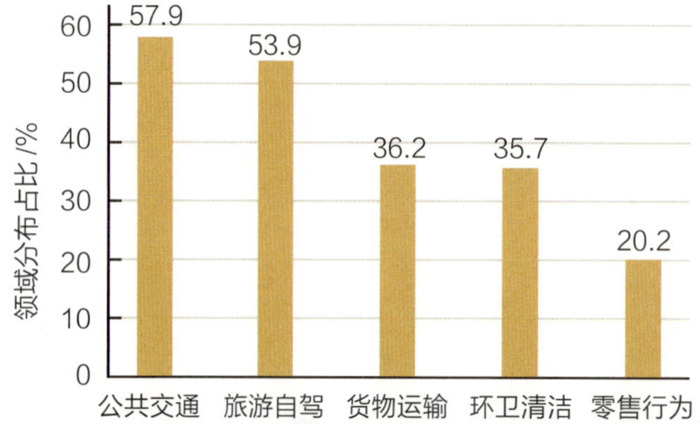

02

2022 年
中国消费者接触无人驾驶汽车的领域分布

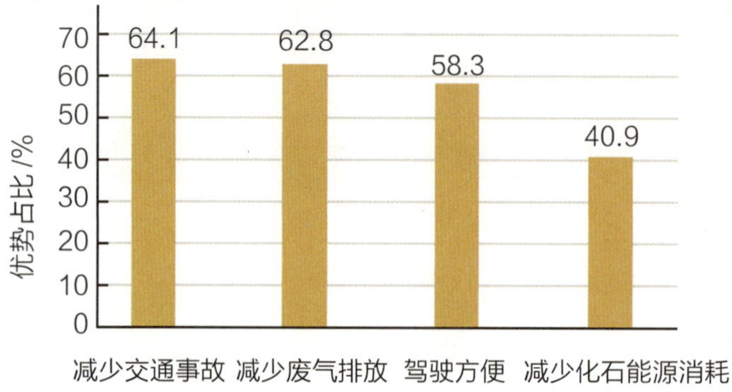

2022 年
中国无人驾驶汽车优势调查

03

无人驾驶系统逻辑结构

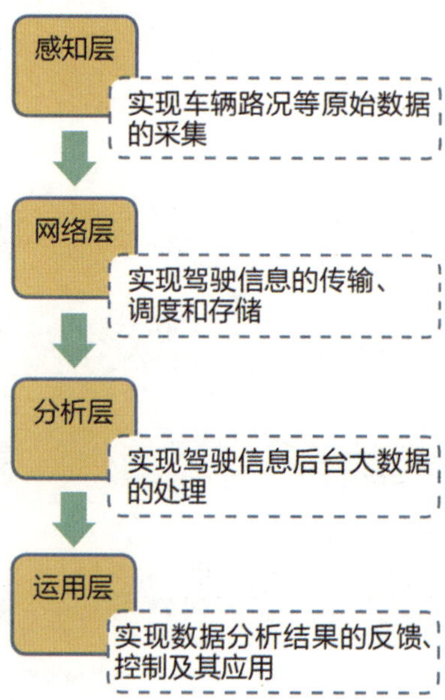

听他说

自动驾驶路测须配备两名安全员，一名负责安全驾驶，一名负责安全提醒和监督。

会开车不等于能胜任这个职业。安全员面试非常严格，我曾见过一名驾驶能力不错的面试者，他在“二面”过程中，经过红绿灯路口时遇到一名左转的骑自行车的人，面试者一边说“这种左转弯我一般会让行人先过”，一边却与对方同时并行左转了。最后他没有被录取。

对安全员而言，真正的安全靠认真执行，坏习惯里往往藏着安全隐患。作为安全员，必须谨记安全第一。

@ 路遥知马力
大连理工大学电子信息工程专业，无人驾驶安全员

点击中控屏上的“无人驾驶”键，打开方向盘左侧的巡航开关，再打开仪表板左下方的横向自动控制开关。操作完这一切，就可以松开方向盘、油门和刹车了，汽车进入无人驾驶状态。

在无人驾驶途中，如果前方车辆突然减速，无人驾驶汽车也会自动减速。当汽车出现故障或遇到意想不到的情况时，需要测试员及时接手控制、转弯或踩刹车。

普通的汽车试车员对驾驶技术要求比较高，而无人驾驶测试偏重于场景化测试。我在车上的工作除了及时关注路况、进行一些人工辅助操作外，还要记录车辆行驶过程中的数据，结合试车感受，给系统优化提出建议。

@ 子鱼知乐
华北电力大学电气工程及其自动化专业，无人驾驶汽车测试员

第一次乘坐无人驾驶汽车时，我感到既新奇又紧张，因为我无法亲眼看到机器是如何控制车辆的。然而当我慢慢说服自己去信任它时，才发现车辆行驶得比预想的更顺畅、更安全。

像信任人类一样去信任一台机器，并不如想象中容易。无人驾驶汽车不会疲劳驾驶、酒驾或走神，与人相比，无人驾驶汽车有更多、更准确的传感器。它们能持续监测前后左右各个方向的物体，知道物体与自己的距离，反应速度也更快。

@ 城市猎人
同济大学车辆工程专业，无人驾驶汽车项目负责人

智能家居

Smart Home

如果你已经入手“小爱同学”，家里布局了小米智能家居套件，那你可以说句话，让“小爱同学”帮你开关灯、空调、空气净化器。但如果你家里是“天猫精灵 + 米家台灯 + 京东微联的电动窗帘”混搭风，那就得自己动手才行了。

你没有看错，智能家居也需要“站队”。但这并不妨碍我们期待通过贾维斯（《钢铁侠》里的人工智能）就能语音控制豪宅的一切成为现实。

相关专业	院校推荐	就业方向
自动化	东南大学 山东大学	智能楼宇、智能家居、智能交通等领域
软件工程	北京航空航天大学 西安电子科技大学	在计算机软件、电子技术、半导体等领域从事软件开发、测试及管理等工作
物联网工程	西安交通大学 哈尔滨工业大学	在各类物联网企业、IT企业从事物联网方案设计、物联网方案系统集成、物联网技术应用实施等工作
智能科学与技术	北京大学 南京理工大学	在信息产业、电子商务、智能家居、控制工程等领域从事计算机应用、智能化产品设计与开发等工作

关注智能家居领域专业推荐

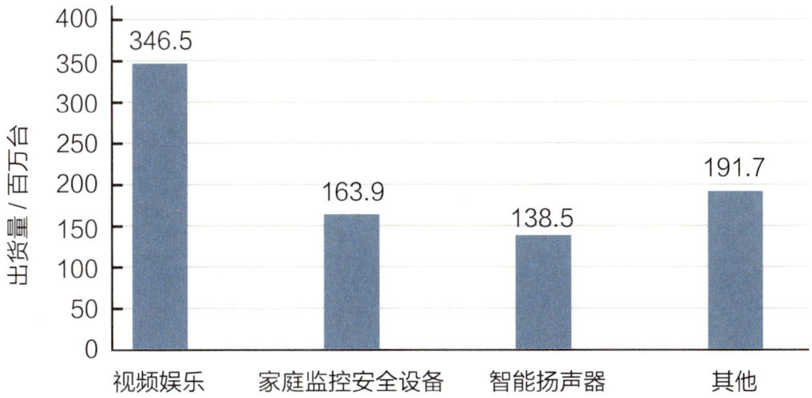

02

**2019 年
中国智能
家居产品出货量**

03

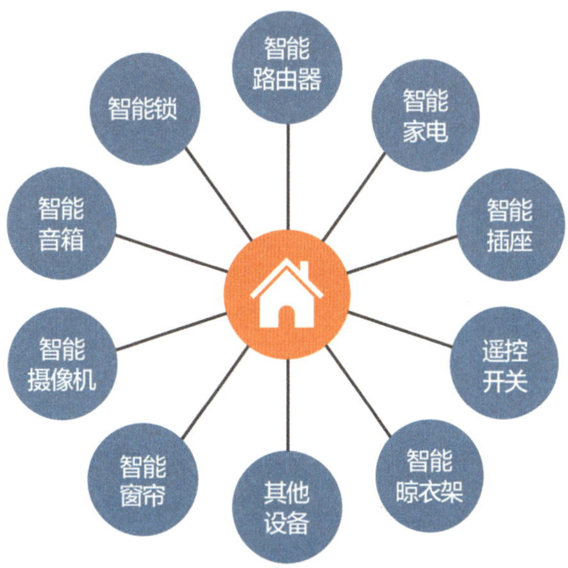

**智能家居
消费级热门产品**

听他说

系统新版本上线之前最忙碌也最紧张，我经常加班到深夜一两点，甚至很可能通宵。

有时，为了让用户在 APP 上的操作体验更好，我们会花费很多时间。比如画一个半圆，要做到根据手指的滑动在半圆上滑动，需要使用数学里的正弦和余弦来做算法。虽然过程充满艰辛，但当效果做出来时，内心会感到无比自豪。

我清楚记得开产品发布会的那天，现场座无虚席，来晚的人最后只能站着。看着产品经理向大家介绍自己研发的产品时，我感到非常有成就感。

@ 系统维护了我
东南大学自动化专业，智能家居系统开发工程师

研发层面工作包括产品外观设计、结构设计、线路板设计、交互软件设计等，是一份艺术与技术相伴的工作。

产品外观最初源于脑海中的某个想法，之后需要论证创意的可行性，优化协调产品在外观、颜色、细节、特性及功能等方面的复杂关系。有时外观看起来始终违和，却说不清哪里不对，这通常是细节的问题。

整个创意完善至具有更强的可操作性时，我们才会着手完成外观模型、概念设计原型的制作，最后运用三维辅助设计完成具体的设计工作，做出样品。

@ 洋葱头
北京交通大学物联网工程专业，智能家居设计师

我每天要拜访 2—3 个客户，有时去工地。如果晚上有饭局，我回到酒店后会继续做方案。在工地上，可能需要自己亲自上阵调试，调试过程中还会接到各地经销商的电话。某一次在工地调试时，毫不夸张地讲，我一天下来接了 70 多个电话，平均每次通话 10 分钟。

有段时间我负责市场工作，同时还兼职网站后台客服的工作。做客服时，要专业、耐心、态度友好。记得一个一直与我以微信和 QQ 沟通的客户，一年后见面时，他对我说的第一句话是“你是男的啊”，因为我一直非常耐心地给他解答问题，而他从来没遇到过这么细心答疑的男性。

@ 机智的土豆泥
重庆工商大学市场营销专业，智能家居销售顾问

通信

- 运营商
- 终端
- 隐私

14

运营商 Operator

“互联网+”冲击运营商去电信化，大数据激发其数据潜力，“三网合一”（电信网、广播电视网、互联网高层业务应用融合）与万物互联齐头并进……移动追求“大连接”、联通推进“混改”、电信革新入深水，“全球一张网”，通信重燃活力。

01

关注通信领域专业推荐

相关专业	院校推荐	就业方向（通信领域）
信息工程	上海交通大学 华南理工大学	进入运营商或银行、证券等大型公司从事移动通信终端应用程序、移动设备嵌入式系统开发工作
通信工程	西安电子科技大学 北京理工大学	进入中兴、华为、富士康等公司从事软件开发、网络设计等工作
电子信息工程	北京航空航天大学 成都信息工程大学	进入中国移动、联通、电信三大运营商从事基站建设等工作
电信工程及管理	北京邮电大学 重庆移通学院	进入电信运营行业，从事技术研究、产品开发、设备维护等工作
电子信息科学与技术	清华大学 吉林大学	进入相关企业从事光电原产品、光仪表产品设备系统及装置等研究、开发等工作

02

2022 年国内外 5G 终端产品市场份额

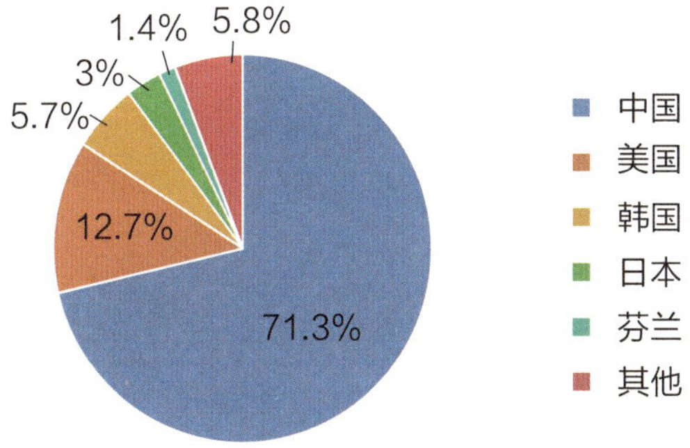

2022 年国内 5G 网络应用行业分布

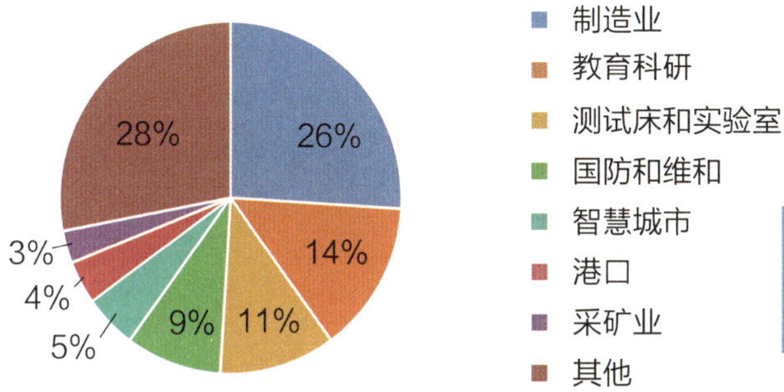

03

2019 年中国三大运营商业绩对比

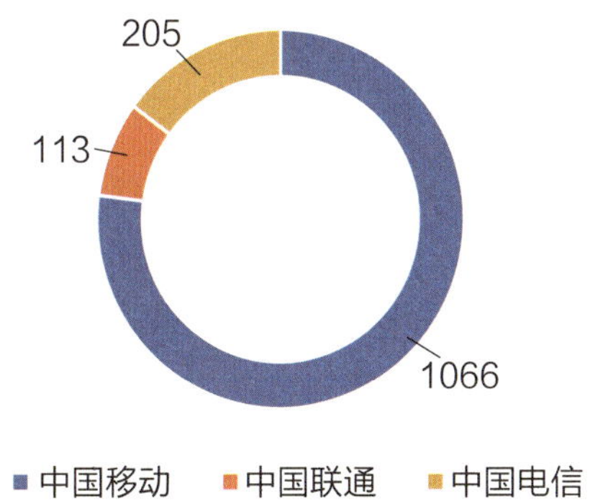

三大运营商 2019 年净利润对比
（单位：亿元）

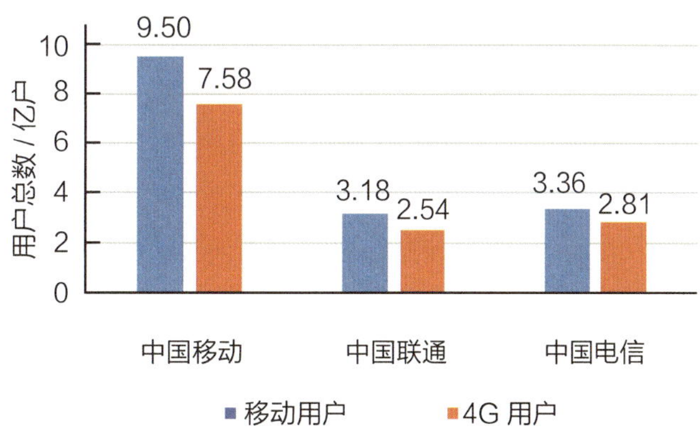

三大运营商 2019 年
移动用户和 4G 用户数据对比

听他说

我不是“科班”出身，好在“转型”成功，我抓住公司内部的机会转行做了自己认为将来前景会很不错的电子信息领域职位。

我写过一句座右铭放在办公桌上以激励自己——人的差异在于对业余时间的利用。我买了大量电子方面的书籍，工作日从每晚 8：00 开始学习到次日凌晨 2：00，周末自带干粮和水泡在图书馆看书，就这样坚持了 8 年。

除了我，我们团队中的不少工程师不是“科班”出身，有学结构的，有资深软件专家，甚至还有骨科医生。大学所学知识相对有限，电子工程师需要在实践中持续地学习与积累。

@ 阿森会飞
东南大学社会工作专业，电子工程师

想成为一名优秀的移动通信软件工程师，既需要扎实的软件开发技能，又要对移动通信领域的技术有深刻理解。移动设备平台不同于传统软件开发平台，我们会接触很多不同的平台和开发工具，因此需要掌握更多的知识和技能，敬业精神和自学能力是必不可少的。

从初级工程师走向高级工程师，除了在大学期间的学习研究，在工作中的实践、钻研相关知识也是必不可少的。随着 5G 的不断成熟，相信人们在未来生活中对无线通信的需求会进一步提升。我的目标是成为高级工程师，加入构建未来的大军中。

@ 呱牛
重庆大学通信工程专业，移动通信软件工程师

我是一名普通的 IT 硬件运维工程师，维护服务器和存储设备是我的主要工作内容。这份工作最大的特点是时常接触新东西，尤其是出现问题、遇到麻烦事时，很可能面临的问题都是陌生的。因此业余时间，大多数时候我是在网上找资料学习。工作中，同事间的相互帮助也很重要，否则出现新问题，时间紧来不及查资料，“后防”不稳可就不好了。

关注专业论坛、看技术文档学习补短都是便捷的方式。做了两年 IT 硬件运维，我感触最深的便是：干 IT 这行，平时的积累真的很重要！

@kakayang
暨南大学电子信息工程专业，IT 硬件运维工程师

终端 Terminal

二十年前，摩托罗拉、爱立信等只有翻盖，没有物理键盘的智能手机已经令人惊艳；十年前，iPhone 开始逐渐挤占安卓系统全球份额，进入我们的生活；当下，世界范围内苹果一家独大，国内华为、小米等已逐渐赶上。

移动互联网的大潮裹挟着终端产品升级进化，手机、平板、笔记本、可穿戴设备……只有想不到的未来，没有做不出来的设计。

01

智能终端产品部分结构内涵解析

终端结构	相关专业	著名研究机构
电池	电化学、材料物理、材料化学、化学工程与工艺等	三星、LG化学、丹邦科技、德赛集团、德润电子、中国科技大学、美国西北大学等
芯片	计算机科学与技术、软件工程、通信工程、集成电路设计与集成系统等	华为、高通、海力士、镁光科技、英特尔、飞思卡尔、北京君正等
传感器	自动化、测控技术与仪器、测绘工程、电子信息工程等	东芝、水晶光电、汉威电子、国腾电子、大恒科技、海康威视等
显示屏	电子科学与技术、光电信息科学与工程	TCL、松下、索尼、夏普、京立方、创维集团、方正集团等
触摸屏面板	微电子科学与工程、高分子材料与工程等	宏晶科技、京都陶瓷、重庆四联、美国康宁、日本旭硝子、卢比肯科技等

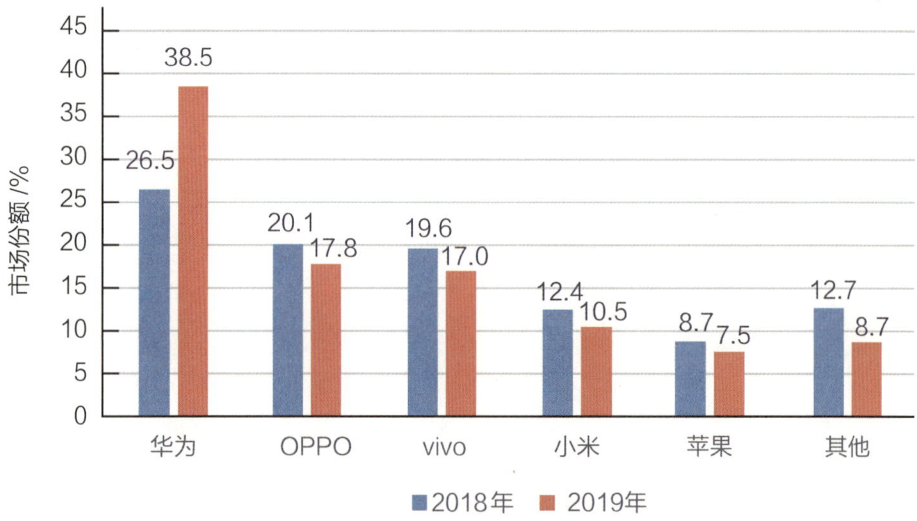

2018—2019 年各品牌智能手机中国市场份额变化

02

iPhone 用户选择手机的关注点

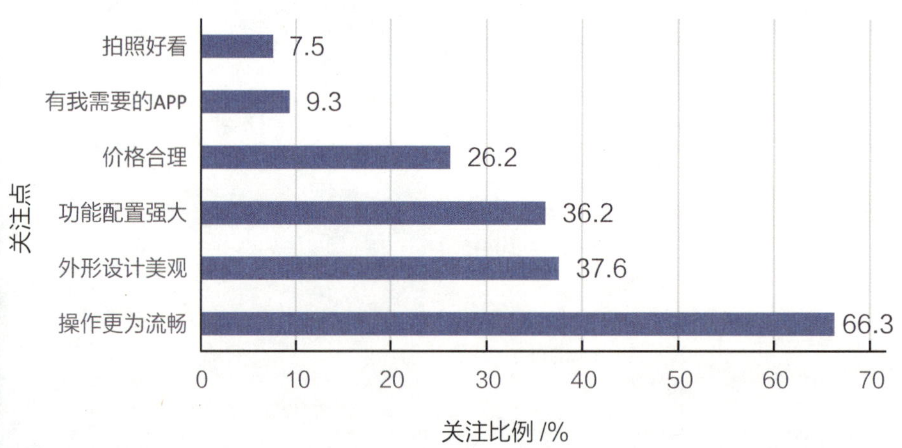

03

2019 年换新机 iPhone11 用户中，男女分布较均衡，80 后、90 后居多，他们主要居住在一二线城市，喜欢追逐时尚，愿意且有能力为品质买单。近六成用户的消费理念是“精打细算”，“装壕”和“真壕”用户最少，可见大部分用户购买 iPhone11 属于理性消费。

听他说

入行的头两年，是技术人员最困惑的阶段。那时，我总会疑惑到底要不要坚持深耕现有的技术，要不要花更多的时间去学习全新的技术。如今看来，BAT（百度、阿里巴巴和腾讯）内部岗位评级的要求非常有参考性，即在哪个阶段应该达到什么样的目标和能力。比如，阿里巴巴 P7（技术岗序列）岗位要求在某个领域有专家级水平、5 年工作经验及跨团队的协作能力，P8 岗位要求管理过 20 人以上的团队及具有引领行业发展的技术能力。

建议初入行的技术人员，可以对标阿里巴巴的 P7 岗位要求，最好做到专家水平。之后再考虑横向发展，而非停留在原地疑惑是否要坚持什么，或者学习什么。

@ 蹦跳 birdy
武汉大学软件工程专业，Android 工程师

在做移动开发之前，我是一名服务器端 Java 工程师。我从未想过一部智能手机能引起整个互联网行业巨变。现在，移动互联网已深入我们生活的方方面面，我也成了移动开发者中的一员。

回首过往，我曾一度认为 HTML5 技术可以取代原生的开发方案。但事实证明，一个技术方案的成熟需要时间，或许未来 HTML5 可以统领移动开发领域，但至少不是现在。

在移动互联网的影响下，教育的改变翻天覆地。我现在负责公司一款教育 APP 的产品技术，希望用技术改变教育行业，让学生的学习效率更高，并且打破教育资源在地域上的不平衡。

@ 小狮子阿羽
深圳大学计算机科学与技术专业，产品负责人

在移动应用的世界里，踩坑常有，大错却难犯。严重一点的，比如程序崩溃需要强制更新，但不会存在删库跑路的情况。

移动开发资本最狂热的时期已经过去，于我而言，我会继续专注技术。有朋友问“除了 iOS 还需要学些什么”，大家都在担忧，我的答案是“还需要学会学习”。

没有什么是一成不变的，尤其是日新月异的技术，改头换面用不了几年。终身学习、坚持不懈能帮助我们始终站在时代的前列。

@onevcat
华东理工大学自动化专业，iOS 客户端架构师

隐私 Privacy

伴随行为而生的“垃圾文件”构成大数据，一次又一次的信息泄露让人恐慌后形成免疫。如同昨日 Facebook 被群起而攻之，明日或许是进一步的习惯与开放。无微不至的个性化服务背后是细致深入的了解，享受精准推送的同时却轻易遗忘付出的代价。对待隐私的正确姿态究竟该是什么样？

01

手机号码泄露的常见途径

街头问卷	填问卷送赠品等，经常要求留下联系方式
网上注册	某些不规范的网站可能泄露信息
快递单	印有姓名、电话的快递单未经处理直接扔掉
旧手机	手机格式化后，数据可通过技术复原
手机浏览器	以 CMWAP 连接方式上网，被访问的网站可以获取手机用户的手机号码
办理会员卡	饭店、超市等办会员卡时留下手机号
下载 APP	未通过官方渠道下载，在网上随意找一个安装文件使用

02 个人信息泄露的常见途径

公共设备	公共 Wi-Fi，使用支付功能有风险； 某些公共手机充电桩安装了恶意程序
3 种链接	各类兴趣测试收集碎片信息可能梳理出完整个人信息； 来路不明的二维码可能携带病毒； 手机短信的链接可能是恶意钓鱼链接
2 种功能	微信“附近的人”可定位，允许通过 QQ、手机号等搜索到自己； iOS 系统“常去地点”会显示常去地点
5 类信息	火车票、登机牌的个人信息勿随意晒； 护照、车牌、家门钥匙可能透露生活圈范围； 带位置信息的照片等会暴露真实个人信息； 晒孩子照片及姓名，不限制分享范围有风险； 晒家中老人照片，可能出现坏人以后辈信息诈骗情况
换手机号	及时修改支付宝账户绑定； 及时解绑微信账户；及时解绑银行卡； 及时更改微博、淘宝等其他账号登录设置

03 国外个人敏感信息与隐私保护法律模式

欧盟模式	又称统一立法模式，即制定一个综合性的个人信息保护法来规范个人信息的收集、处理和利用，该法统一适用于公共部门和非公共部门，并设置一个综合监管部门集中监管。1995 年，欧盟通过《个人数据保护指令》，该法律在全欧洲范围内实行，涉及范围广，执行机制清晰。此法律使欧洲成为全球个人信息保护的典范
美国模式	在公共领域，以隐私权作为宪法和行政法的基础，采取分散立法模式逐一立法；在私人领域，依靠自律机制实现对个人信息的保护，根据个人信息的具体内容，由相应的监管部门监管
日本模式	借鉴了欧洲和美国的信息保护模式，2005 年全面实施《个人信息保护法》，通过这部法律全方面实现个人信息保护。同时也注重行业自律和社团参与，形成独特的日本个人信息保护模式

听他说

从警十几年，我破过许多案子，最让我头疼的是电信诈骗案。

电信诈骗门槛低，犯罪分子早就总结出了套路：对话中受害人会有哪几种反应，每一种反应怎么应对；受害人可能提出的问题，每一个问题应怎么回复；什么阶段采取什么手段、说什么话，什么阶段使用什么背景音；等等。拿着“教材”，很快就能“上岗”。

近两年国家对电信诈骗的打击力度不断提升，人们的警惕性也有所提高，对此我感到欣慰，同时觉得责任更重大。

@007
中国人民公安大学侦查学专业，反诈骗警察

我们有互联网音频、视频检测系统，将其应用在电信运营商录音采集设备上，能对电信诈骗录音敏感信息进行检测分析。

由于设备供应商不同，通话录音存在音频格式、音质不统一的问题，还存在噪声干扰、方言口音等问题。检测这类数据，需要把通话录音上传到关键词检索服务器，该服务器的 API（应用程序编程接口）网关对请求进行分类处理后，会将其移交给后续的业务网关分发处理。然后是音频预处理，音频格式转码、语音降噪等。

用音频比对检测已知录音片段。如果有匹配这些录音片段的，说明存在诈骗信息；如果音频比对没有发现诈骗信息，则调用关键词检索服务进一步排查。

@ 狸猫
华中科技大学计算机科学与技术专业，自然语言处理工程

人脸识别常见攻击手段包括纸片翻拍（打印他人照片）、屏幕翻拍（一些 3D 建模技术可驱动单张照片或视频做出摇头、张嘴、眨眼等动作）和戴面具。

网络隐私侵犯不断升级，防范也愈发复杂。除了摇头、眨眼等简单活体模式，我们还尝试了更加复杂的多数字随机唇语、语音图像同步检测、人脸纹理分析、面具检测、视频防翻拍等多维防护手段。

我们将这些手段交叉融合，以实现“移动端 + 后台”的防护体系。最常使用的是“唇语 + 人脸场景分析”，唇语的变化方式更细微，随机性更强，能抵挡视频照片和视频重放攻击。

@ 南极熊
清华大学计算机科学与技术专业，三维脸建模研发工程师

医疗

- 医患关系
- 高精器械
- 线上诊疗

15

医患关系

Doctor-patient Relationship

“我想救你的命，你却想要我的命。”不少医生调侃说，业余需参加跆拳道补习班，最好再练练空手道，体质差的别学医，学医的要跑得快。“医闹”要是来了，讲理没用，一心只往钱看齐，讹你个十万八万算少的。看情况不对，脱下白大褂就跑，跑不动的往进口医疗器械底下躲，会功夫的别还手，还手了，“医闹”者立马躺地上。相互尊重、相互配合、相互依存才是正确处理医患关系的正道。

2021年医疗纠纷案件统计

医疗纠纷案件发生率				
发生率较高科室		发生率较低科室		普遍高发科室
骨科 普外科 神经科 肿瘤科	VS	康复科 耳鼻喉科 口腔科 眼科	VS	妇产科 急（门）诊

01

02

2017—2021 年医疗损害责任纠纷案件数量

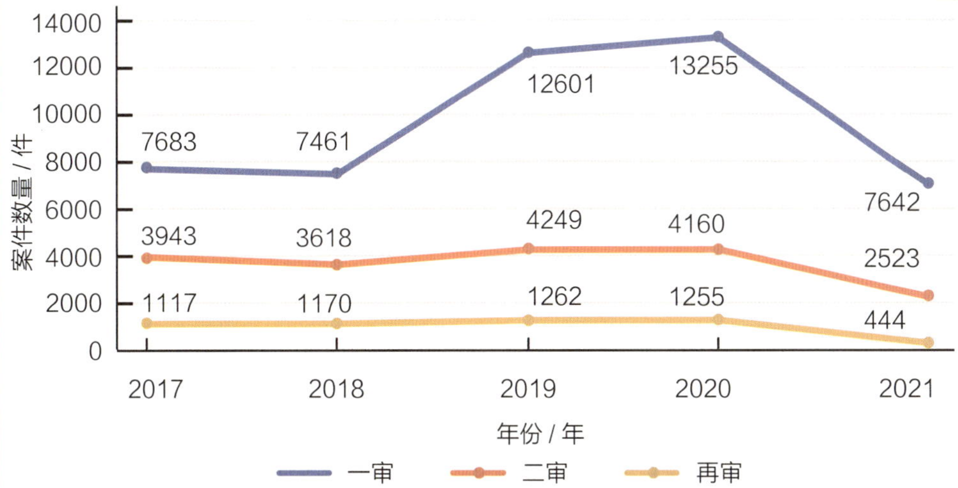

2021 年医疗损害责任纠纷案件总计为 10746 件（含执行案件 59 件、其他案件 78 件），比 2020 年案件数量减少了 7924 件。整体趋势是在 2018 年案件数量较 2017 年略微下降后，2019 年、2020 年呈现反弹，2021 年出现大幅下降。

03

部分国家医患关系

概况

美国	2000 年初，美国批准拨款 2500 万美元用于调查医疗事故。 美国在医疗方面的立法、保险及相关配套措施较为完备，使得美国的医患关系相对和谐。
德国	健全的医疗保险制度能在很大程度上减轻患者的负担，杜绝以药养医的现象。 德国人对待医疗事故的态度比较明智，医患关系并没有成为突出的社会问题。
法国	法国医药分家，医生只开处方药，并没有售药权。 患者通常情况下先看家庭医生，家庭医生与患者之间能建立长期的信任关系。 只有急诊或重病的患者才会转入医院，这有效地缓和了医患关系。

解决方式

美国	在 18 世纪与 19 世纪初，美国的医生已经实行知情同意（informed consent），即在医务人员为患者提供足够医疗信息的基础上，由患者做出自主医疗决定（同意与否），这是患者的一项基本权利。由此，医患关系开始出现民主化趋势。
英国	医院以专科为单元，印制多种生动活泼的患者须知和健康指导，促进患者对疾病知识进行了解，病区均设立专门的医患沟通办公室，方便与患者进行单独交流沟通。
日本	日本医生比美国医生在行动上更自觉注意和患者间的交流沟通，患者更愿意与医生自由交谈，有效地缓解了医患矛盾。
俄罗斯	俄罗斯医生与患者沟通时，非常注意谈话的方式和内容。通常与患者交流沟通的方式或步骤分为：初次接触→婉转地提出问题→观察患者的反应→鼓励患者充分地诉说→适时沉默→坦诚相待。

听他说

最夸张的时候，我一天能收到 21 份威胁书和 13 通恐吓电话。

作为院长，我可以不去手术室，整个医院的日常管理已足够让我头痛。但医者仁心，每逢重要的手术还得由我主持，遇到十几个小时的手术更是家常便饭。手术过程中，不可能做到一半就停下来休息，所以每次给病人做完手术后，我都得拖着疲惫的身体回家。

我时常告诉医院的年轻医生，多想想你们从医的初衷。无论何时，都不要忘了医者仁心。

@ 老骥伏枥
首都医科大学临床医学专业，医院院长

我清楚记得刚进入医院工作时，协助副院长救治一名临产妇女的经历。鉴于病人的状况，副院长使用了比较贵的注射药，在手术台奋战了十几个小时，最后产妇终于脱离危险。本以为患者家属会对副院长的善举“感恩戴德”，没想到患者家属却拿来另一种药物，质问副院长为什么要使用如此昂贵的药物，还当场指骂副院长医德败坏，最后经多方协调，这事才算平息。

为此，我也背负了好长时间的思想包袱，担心这样的事情会发生在我的身上。后来老院长告诉我：“作为一名医生，若因为害怕而放下自己的患者不管，那就是在犯罪，是不负责任的表现。”

老院长的话一直激励着我到现在。

@ 欧公子
吉林大学放射医学专业，医院医师

“大闹大赔，小闹小赔，不闹不赔”，曾是很多地方解决医患纠纷的“潜规则”。此种做法不仅牺牲了公平正义，还助长了“医闹”行为，这是我们律师界的一大困惑。长期积累的医患矛盾让诉诸法律成了最不得已的选择。很多患者在面临医患矛盾时习惯性地使用“肢体 + 语言”的方式解决问题，这也从侧面反映出我们法律援助的缺失。

医患是同一个战壕的战友，共同的敌人是疾病。医患之间，合则两利，斗则两伤。维护正常医疗秩序，构建和谐医患关系，是全面推进依法治国的重要举措，也是维护人民健康权益的重要手段。

@ 憨豆
中央民族大学法学专业，医疗纠纷律师

Medical Apparatus & Instruments

高精器械

在心脏里搭支架，在大腿里架钢板，皮肤植入与断肢缝合……这些听上去像是不可能完成的任务。随着医疗技术不断发展，肾脏坏了，可以再移植；心脏跳不动了，我们就换一个；核磁共振成像，绘制身体内部的结构图像……X 射线造影，提供了更精准的数据诊断。我国中低端医疗器械全面普及，高端医疗器械正逐步兴起。

01

关注高精器械领域专业推荐

相关专业	院校推荐	就业方向（医疗器械领域）
机械设计制造及其自动化	哈尔滨工业大学 华中科技大学	医学技术科研、开发和生产单位
微电子科学与工程	复旦大学 华东师范大学	医学仪器制造厂家、集成电路设计中心等医学技术领域
电子信息工程	西安电子科技大学 北京邮电大学	医疗器械引进、开发、运行，医疗设备维修等
集成电路设计与集成系统	电子科技大学 华中科技大学	高新技术企业、医院、医学研究院等单位从事有关工程技术研究、设计开发等工作
自动化	清华大学 哈尔滨工业大学	医院系统集成、医学软硬件开发和医疗通信等领域
医学检验技术	广州医科大学 重庆医科大学	医院检验科、输血科，医学实验室等部门

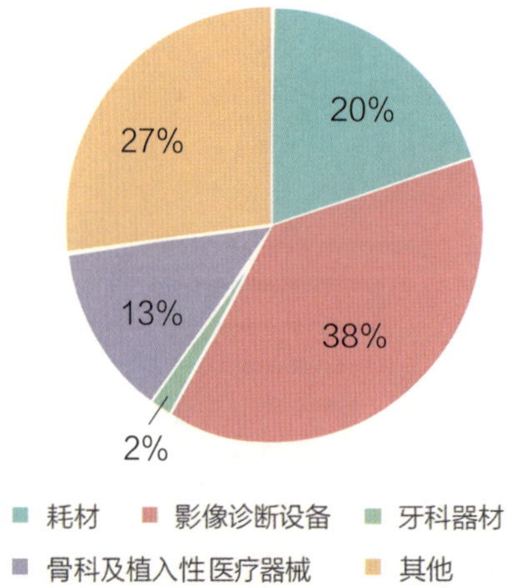

2019—2022年国内医疗器械市场各类产品份额

02

从近年我国医疗器械市场的产品结构来看，医学影像诊断设备（CT、磁共振、PET/CT、XR、超声等）占据的市场份额最大，大多保持在40%左右，且呈不断上升趋势；其次是各类耗材（明胶海绵、生物蛋白胶、止血海绵、纱布垫、脱脂纱布块、医用棉球、纱布绷带、医用夹板、手术衣等），占据20%左右的市场份额；骨科及植入性医疗器械市场份额不断下降；剩余的市场份额被牙科及其他类器械占据。

国内外医疗器械供应商及产品领域对比

03

国内	产品领域
迈瑞医疗	数字超声、放射影像 生命信息与支持 临床检验及试剂
东软医疗	彩超 磁共振 CT技术 数字X线机 放射治疗设备 核医学成像设备 实验室自动化系统
山东新华医疗	制药设备 医疗服务 医疗器械及装备 制药装备整体解决方案 放射诊疗整体解决方案 消毒中心整体解决方案
江苏鱼跃医疗	医用供氧 医疗康复护理 医用临床器械

VS

国外	产品领域
GE医疗集团	医学成像 药物研发 生物制药技术 软件和信息技术 患者监护和诊断方案
美国美敦力	心脏瓣膜置换产品 心律失常治疗产品 体外心脏支持产品 微创心脏手术产品 五官科手术设备
飞利浦	放射诊断治疗系统 疾病预防及保健 健康管理及监测 医疗保健解决方案
西门子	医疗成像设备 实验室诊断设备 医疗自动化解决方案 医疗设施解决方案

听他说

“打铁还需自身硬”，这是从事质检工作几年来，我最深刻的体会。具备专业技术技能是开展质检工作的基础，质检过程中的为人处世之道也很重要。

“每个医疗器械质检员都是一枚钉子”，这是对质检员工作状态的最好写照。质检工作拼的就一个“心细”，细到你能发现一枚螺母螺纹的变形。人们大都评价质检员工作枯燥、无趣，但反过来想想，每次质检时，心里反复出现只有合格的医疗器械才能为患者带来健康时，便觉得多了一份使命感和责任感，工作起来也更有动力。

@ 琅邪
合肥工业大学测控技术与仪器专业，医疗器械质检员

作为机械专业毕业生，我已从事医疗器械设计工作两年。医疗器械属于高新技术产品，行业前景非常不错。刚开始会有一些培训，学习的机会很多。

医疗器械设计与常见的机械设计不同之处在于精度、安全和人性化的考量。这是一个极其烦琐、复杂的过程，不仅设计过程中需要考虑周全，就连医疗器械中最简单的一枚镜片，其设计的细节往往也要经历成百上千次的核算。每次在做研发器材工作的时候，我都想象自己是病人，如此才能感受自己研发的器材是不是真的适合病人使用。

@ 大熊
中南大学机械设计制造及其自动化专业，医疗器械设计工程师

医疗器械销售不同于普通的销售行业，你得懂医疗知识，还要掌握销售技巧。从最初了解客户采购意向，到跟单、签约、验收、回款。其中还涉及与医院谈判、与代理商谈判、招标流程表填写、围标、二次报价等专业的销售流程。

医疗器械企业大都欢迎自家工程师兼任销售。我之前从事的是医疗器械技术相关工作，医疗器械专业知识比较扎实，也有一些潜在客户。即便如此，在刚转行的那一阵子，我还是吃了不少苦头。每当要放弃时，我都告诉自己再坚持一阵子，过了这个坎儿就好了！不断挑战自己，也是一种职业乐趣。

@ 醉鸭
上海应用技术大学材料成型及控制工程专业，医疗器械销售员

线上诊疗

Online Diagnosis

拥抱互联网，医药行业也登上 APP 这艘大船。现代医学“偶遇”线上诊疗，会碰撞出怎样的火花？互联网时代，千万名医生随时应答，预约挂号，在线咨询，健康档案，应有尽有。基于移动终端的医疗类应用软件，把移动平台变成医疗设备，通过附属装置或感测器，将移动装置变成“听诊器”。移动医疗已成全球医疗行业大势所趋。

01

线上诊疗领域专业推荐

专业	院校推荐	就业方向（线上诊疗领域）
微电子科学与工程	深圳大学 长春理工大学	医学软件半导体芯片，电子元器件的制造以及医学软件测试、检验、质量控制等工作
集成电路设计与集成系统	大连理工大学 西北工业大学	新型医学仪器集成电路版图设计、测试等工作
数字媒体技术	山东大学 福州大学	医学软件动画、多媒体音视频、广告制作，以及医学仪器的图像影音制作等工作
计算机科学与技术	燕山大学 广西大学	医院线上相关网页编程开发，手机端 APP 开发运营等工作
软件工程	华南理工大学 南昌大学	线上 APP 数据库管理与应用，医学软件测试，线上医学网站建设及维护等工作
微电子学科学与工程	西安邮电大学 扬州大学	医疗半导体器件设计与制造，新型医学软件研究开发，线上软件信号处理等工作
电子信息工程	长安大学 合肥工业大学	医学电子设备和通信系统研究、设计、应用和开发等工作

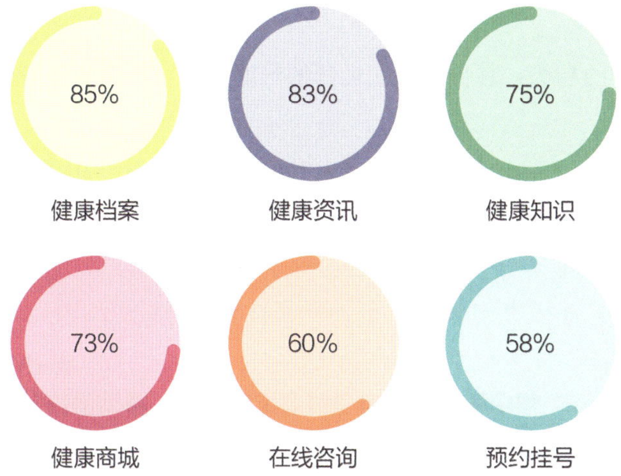

02

2017—2022 年医疗 APP 上智能健康服务占比“热搜”前六名

统计分析发现，应用市场中数十款医疗 APP 上涵盖的多项健康服务功能中占比排在前 6 位的是：健康档案、健康资讯、健康知识、健康商城、在线咨询、预约挂号，一定程度上反映了用户的需求。其中健康档案和健康资讯所占比例较大，说明公众对身体状况和健康指数更加关注。在线咨询、预约挂号等功能则还有广阔的市场空间可以提升。

03

2017—2022 年医疗 APP 个数占比

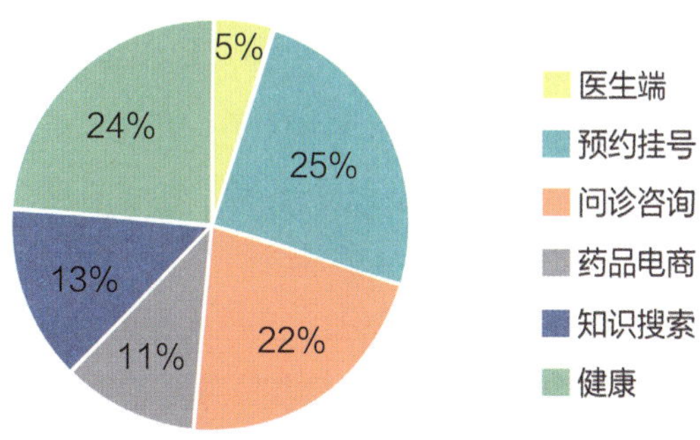

根据移动医疗 APP 的功能，可以将医疗 APP 分为 6 类：预约挂号类、问诊咨询类、药品电商类、知识搜索类、医生端类、健康类。据相关数据显示，在移动医疗 APP Top100 中，预约挂号 APP 个数占比高达 25%，其次是健康类。

听他说

移动医疗 APP 的发展呈现出这样的趋势：靠自身独立运营的难度加大，可穿戴设备等硬件在未来很难单独赢利。

根据 IMS Health 2023 年初的数据显示，Google、Apple 商店中有超过 5 万个医疗健康类产品，前 5 名市场份额占总体的 20%，其中有 3 款是卡路里消耗跟踪类产品。从份额和数量上来看，前 5 名产品表现得非常不错。中国的移动医疗市场在细分领域内有不断集中的趋势，尤其是大品牌会逐渐提高与传统服务谈判的筹码。

@ 小王子
华中科技大学电子信息工程专业，移动医疗从业者

服务商给的 APP 开发报价从几千元到几十万元不等，造成这种价格差异的部分原因是 APP 开发功能不同。较低的报价一般直接采用套版的方式来开发，虽然有开发周期短、价格便宜的优点，但弊端更多，兼容性、稳定性、实用性都较差。

功能需求的复杂程度以及功能数量会决定 APP 的开发价格。医疗 APP 功能一般有在线咨询、在线挂号、电子药方等功能。功能越复杂，投入的人力、物力越多，开发周期随之增加，开发价格可能会超出原本的开发预算。

很多人还忽视了 APP 后期维护和更新费用。APP 上线之后，用户需求可能会发生变化，这就需要对 APP 进行功能修改或增加，那么 APP 开发成本也会增加。

@ 艾艺
厦门大学软件工程专业，医疗 APP 开发人员

一些比较好的医疗 APP 品牌，其前身基本是挂号网，主要业务是在线预约挂号，有很强大的资源和官方支持，切实解决了一大批异地就医患者挂号的难题。后来随着业务发展，开始有了医生团队的概念，做分级诊疗、在线问诊、对症预约等，这提高了线上医生找到匹配患者的效率。

现在由于一些政策原因，医疗 APP 在业务上会受到一定影响。一些比较好的医疗 APP 品牌有一个共同点就是相对“干净”一些，抱着对患者负责的态度，不会随意增加医药方面的广告。

@ 起风了
四川大学临床医学专业，主任医师

经贸
行业核心专业对比

VS

金融学

金融学研究银行、保险公司或金融企业的工作及管理方式，了解货币、证券的由来、功能和交易方式。相比金融工程主要依赖金融衍生工具，金融学是以基础变量为研究对象和基本工具的，如利率、汇率、货币供应等。该专业适合对经济有浓厚兴趣、爱好数理统计和国际政治的学生。代表高校有中国人民大学、厦门大学、西南财经大学等。

金融工程

金融工程是金融学创新的产物，综合了现代金融理论、信息技术、工程技术等。其核心在于对新型金融产品或业务的开发设计，运用组合分解技术把已有的金融工具和手段复合成为新的金融产品。

该专业适合数学、信息技术成绩较好的考生报考。代表高校有南开大学、山东财经大学、对外经济贸易大学等。

VS

保险学

保险学研究保险及保险相关事物运动规律，涉及的领域多元，包括金融学、法学、医学、数学、经济学等。本专业适合具有良好沟通能力和语言能力，善于思考和分析解决问题，对数学逻辑、法律法规有兴趣的学生报考。代表高校有北京大学、中央财经大学、西南财经大学等。

投资学

投资学研究如何把个人、机构的有限资源分配到诸如股票、国债、不动产等（金融）资产上，以获得合理的现金流量和收益率。其核心是以效用最大化准则为指导，获得个人财富配置的最优均衡解。投资学适合对社会经济和政治灵敏度较高的学生报考。代表院校有上海财经大学、安徽财经大学、中南财经政法大学等。

VS

经济学

经济学是一门社会科学，属于一级学科，是研究有限的资源如何以最高效率来配置和利用的一门学科。它研究人类经济活动的规律理论，分析各种经济现象、经济运行本质。该专业适合乐于了解社会科学的学生报考。代表高校有北京大学、南开大学、上海财经大学等。

经济统计学

经济统计学是统计学的一个分支，是统计学在经济领域中的应用学科，以经济数据为研究对象。经济统计学运用统计方法分析经济数据背后的经济现象以及复杂经济系统的规律，是研究经济学的工具之一，适合有较高逻辑思维能力和数学功底的学生就读。代表高校有对外经济贸易大学、西南财经大学、东北财经大学等。

娱乐
行业核心专业对比

新媒体艺术 VS 网络与新媒体

新媒体艺术

新媒体艺术专业是一种以光学媒介和电子媒介为基本语言的新艺术学科门类，属于艺术学的设计学类，建立在数字技术的核心基础上，也称数码艺术，表现手段主要为电脑图像 CG（Computer Graphics）。开设该专业的院校有四川美术学院、中国传媒大学等。

网络与新媒体

网络与新媒体专业属于新闻传播学类，文理兼收，培养方向为新媒体运营，而非计算机编程。该专业要求学生能把握传统媒介和新媒体与信息网络领域的变革趋势，理解信息网络交叉融合的发展方向、新媒体与信息网络业态的多样性等。本专业学生还要掌握设计工具，如 PowerPoint 或 Adobe 系列设计软件，至少得会 Adobe 系列设计软件的 Photoshop。

影视摄影与制作 VS 电影学

影视摄影与制作

影视摄影与制作专业培养具备一定视觉文化观念并能够从事影视剧纪录片、广告等创作中摄影工作的专门人才，和能够在新媒介新技术语境下进行动态影像创作的高端复合型人才。

电影学

电影学专业是戏剧与影视学下设的一个二级学科，在我国是一门新兴学科。电影学专业是把电影作为社会文化现象、艺术现象及大众传播媒介加以研究的科学。研究范畴包括电影发展过程、电影审美特性、电影创作规律、电影作品的美学效应等。开设该专业的院校有北京电影学院、中南财经政法大学等。

音乐学 VS 音乐表演

音乐学

音乐学是研究音乐的所有理论学科的总称，旨在透过与音乐有关的各种现象来阐明它们的本质及规律。学生主要学习音乐史论、音乐教育等理论和知识，接受音乐理论与实践的训练，具有音乐研究、音乐教学等基本能力。该专业的考查内容主要包括视唱练耳及乐理、中外音乐史基础、民族音乐基础等。

音乐表演

音乐表演是音乐再创作活动，通过乐器的演奏，人声的歌唱，以及包括指挥在内的多种艺术手段，将乐曲用具体可感的音响表现出来，传达给听众，以发挥其社会功能。音乐表演分声乐演唱、键盘、民族乐器演奏及指挥等不同方向，学生学习音乐表演相关理论和知识，接受技能训练。考查内容为视唱练耳、乐理、演唱等。

游戏
行业核心专业对比

戏剧影视文学 VS **汉语言文学**

戏剧影视文学属于艺术类专业，以研究电影、舞台剧、电视剧的文学剧本创作为核心，重点培养电影电视、互联网及其他编剧人才。课程更看重文学的实践。该专业学生需具备戏剧、戏曲和影视文学基本理论及剧本创作能力，毕业后能在剧院（团）或电视台、电影公司、编辑部等部门从事文学创作、编辑和理论研究工作。

汉语言文学属于中国语言文学类专业，主要培养学生汉语和中国文学方面的基本知识，学生主要学习汉语和中国文学方面的基本知识，受到有关理论、发展历史、研究现状等方面的系统教育和业务能力的基本训练。毕业生可在党政机关、企事业单位，尤其是新闻出版、影视文化、游戏、互联网行业进行文案、策划、编辑类工作。也可以考取教师资格证，成为教师。

艺术设计 VS **动漫设计**

艺术设计是设计学类的重要专业。通过艺术设计学教学和研究等方面知识和能力的培养，学生能在艺术设计教育、研究、设计、出版和文博等单位从事艺术设计学教学、研究、编辑等方面的工作，具体方向有平面设计、环境艺术设计、装潢包装设计、工业设计（艺术类）、服装设计等。艺术设计是动漫设计的基础。其工业设计类课程偏多。

动漫设计是比较新的设计专业，通过现代艺术理念和现代艺术能力实践的专业学习，培养学生的艺术美感、理性思维和创作鉴别欣赏能力。学生需要掌握动漫设计、动漫制作、绘画、广告设计、网页设计等技能，具有熟练的计算机技术操作能力。动漫设计是艺术设计的热门方向。影视特效类课程偏多。

数字媒体艺术 VS **数字媒体技术**

数字媒体艺术偏艺术类，需要美术功底、审美能力、艺术创造能力，是集数字媒体技术应用和艺术设计于一体的专业，培养学生数字媒体技术应用能力和艺术理论基础。要求学生掌握数字技术在影视艺术领域、网络多媒体艺术领域中的知识、技能和具体运用，毕业授予艺术学或工学学位。

数字媒体技术偏理科，属于工学的计算机类，是一门融合数字信息处理技术、计算机技术、数字通信和网络技术等领域的交叉学科。利用现代化信息技术进行辅助场景设计、角色形象设计、游戏程序设计等，是主要针对游戏开发、网站美工和创意设计类工作的专业。数字媒体技术专业毕业授予工学学位。

旅游
行业核心专业对比

VS

旅游管理

旅游管理专业是随着我国旅游经济和旅游产业的发展而建立起来的新型学科，专业开设的时间较短，但发展极其迅猛。该专业综合了餐饮、食品营养与卫生、地理、历史、法律、外语等知识，涉及的内容包括旅游区前期规划、旅游区开发管理、旅行社管理、饭店及餐饮管理等与旅游相关的各个方面。

旅游管理与服务教育

旅游管理与服务教育专业主要学习旅游管理的相关基础理论知识、旅游服务行业的基本操作技能及管理服务技能，要求熟悉国内外旅游发展概况，具备一定的外语会话能力和一定的旅游专业教学能力。该专业主要培养旅游产业的管理人才，分旅游教育、景观规划与设计、策划营销三大方向。

VS

酒店管理

酒店管理是一门边缘学科，涉及诸多方面知识，包括经济学、管理学和一些社会科学的相关内容。同时，这也是一个操作性较强的专业，本科阶段比较重视学生基础能力的培养，研究生阶段则是注重相关学术或酒店管理经验与理论的研究。要求学生掌握经济管理基础理论，酒店、餐饮与旅游基础知识，具备酒店基本管理与服务的能力。

会展经济与管理

会展经济与管理是为适应会展产业发展对专业人才的需求，以及创意产业发展对人才的需要而诞生的。会展经济与管理专业的核心知识点是创意策划和经济管理。该专业培养具备管理、经济、法律及工商管理（会展管理）方面能力，具有较强的外语和计算机运用能力的人才。毕业生能从事会展营销、会展招展等工作。

VS

风景园林

风景园林专业是培养具备风景园林规划设计、城市规划与设计、风景名胜区和各类城市绿地规划设计等方面的知识，能在城市建设、园林等部门从事规划设计、施工和管理的应用型人才。该专业体现出人们对未来生存空间的向往，学习者须博览群书，并且具有一定的美术功底、审美情趣和形象思维表达能力。

园林

园林专业是在一定地区内，运用艺术手段和技术，对地形进行改造，或进一步筑山、叠石、理水，种植物，修造建筑与布置园路，通过这一系列工程创作成自然环境和游憩境域的专业。该专业学生主要学习风景园林工程设计、园林植物的培育和园林企业管理等基本理论和技能。

建筑
行业核心专业对比

工程管理 VS **工程造价**

工程管理专业偏向工程建设施工管理，懂得造价更有利于管理。该专业是新兴的工程技术与管理交叉复合性学科。培养具备管理学、经济学、信息工程、土木工程等技术的基本知识，掌握现代管理科学的理论、方法和手段的复合型高级管理人才。

工程造价专业倾向技术，属于工程管理的一部分，适合数学和物理成绩相对较好的学生。该专业培养掌握现代工程造价管理科学的理论、方法和手段，具有工程建设项目投资决策和全过程各阶段工程造价管理能力，有实践能力和创新精神的高级应用型专门人才。

给排水科学与工程 VS **城市地下空间工程**

给排水科学与工程专业是工科学科中的一种，简称给排水。该专业培养具备城市给水工程、排水工程、取水工程、防洪工程、建筑给水排水工程、工业给水排水工程、水污染控制规划和水资源保护等方面的高级工程技术人才。

城市地下空间工程专业更侧重地铁、地下商场、地下通道等城市地下工程的规划、设计、研究、开发利用、施工和管理。该专业培养具备从事城市地下空间工程的规划、设计、研究、开发利用、施工和管理能力的专业人才。

土木工程 VS **建筑学**

土木工程专业是指一切和水、土有关的基础建设的计划、建造和维修。一般的土木工作项目包括：道路、水务、渠务、防洪工程及交通等。该专业培养适应现代化建设需要的，有扎实的基础理论和专业知识，有较强的实践能力，从事道路桥梁工程的设计、施工、组织管理、经营等方面的高级工程技术人才。

建筑学专业从广义上来说，是研究建筑及其环境的学科。该专业培养具备建筑设计、城市设计、室内设计、市政设计等方面的知识和专业技能，能在设计部门从事各项设计工作，在房地产部门从事建筑策划与管理工作，并具有多种职业适应能力的通用型、复合型高级工程技术人才。

环保
行业核心专业对比

VS

环境工程

环境工程专业研究如何制定相应的政策法规防止水资源污染，如何利用物理、化学或生物手段对污水净化处理并最终实现再利用。学生毕业后能够在政府部门、规划部门、经济管理部门、环境保护各部门、环境工程设计单位、工矿企业等从事规划、设计、管理、教育、研究开发、电厂化学等方面工作。

环境科学

环境科学专业以“人类与环境”为研究对象，研究它们对立统一关系的根源、发展、调节、控制、利用与改造。学生毕业后，除一部分人成为研究生继续深造之外，大多数人进入各级环境理论研究机构和生产部门担当研究或咨询人员。

VS

机械制造及其自动化

机械制造及其自动化专业研究机械制造理论、制造技术、自动化制造系统和先进制造模式。通过计算机的方式结合起来，形成一系列先进的制造技术。该专业培养具备机械设计制造基础知识与应用能力，能在工业生产第一线从事机械制造领域内的设计制造、科技开发、应用研究、运行管理和经营销售等方面工作的高级工程技术人才。

自动化

自动化专业以自动控制理论为主要理论基础，以电子技术、计算机信息技术、传感器与检测技术等为主要技术手段，对各种自动化装置和系统实施控制。该专业培养具有良好的计算机、外语、经济、管理等应用基础，具备电工电子技术、控制理论、自动检测与仪表、信息处理、系统工程等专业知识的高素质应用型专门人才。

VS

包装设计

包装设计专业是平面设计与结构设计的有机结合，是广告设计专业的延伸。该专业培养学生掌握平面包装设计、广告艺术设计领域的专业知识及专业技能，能够独立完成一件产品的造型及包装结构、包装装潢等一系列的设计。

视觉传达设计

视觉传达设计专业是指设计者利用平面视觉符号——文字、插图和标志，将各种信息传递给受众。目的是传播和推广。毕业生可以在广告公司、设计公司的平面设计部门担任平面设计师；在电视台、报刊、大型网站等媒体的平面设计部门担任美术编辑；在企事业单位的策划部门担任平面设计师等。

食品
行业核心专业对比

食品工程 VS **乳品工程**

食品工程

粮食工程专业培养能从事粮食生产技术管理、粮油产品加工、粮食工程规划管理等工作的高级技术应用型专门人才。该专业分为粮油加工工艺和食品工程两个方向。当下，各省市的国家粮食储备机构需要大量粮食工程专业人才，毕业生可在粮食生产、储运、加工、销售领域等从事技术与管理工作。

乳品工程

乳品工程专业是食品科学与工程一级学科下设的本科专业，学生需要掌握生物化学、乳品化学和乳品微生物、食品营养的基本理论与实验技术。乳品工程，顾名思义，学生学习和实践的领域是乳制品领域，毕业生主要在蒙牛、伊利等大型奶制品企业从事生产研发工作，也有一部分毕业生从事奶制品监管工作。

食品科学与工程 VS **食品质量与安全**

食品科学与工程

食品科学与工程专业倾向于生产、研发，培养具有化学、生物学、食品工程和食品技术知识，能在食品领域内从事食品生产技术管理、品质控制、产品开发、科学研究、工程设计等方面工作的人才。

食品质量与安全

食品质量与安全专业倾向于管理和监督，是食品科学与预防医学的重要组成部分，也是连接食品与预防医学的重要桥梁。该专业学生毕业后，可到全国各级食品卫生监督部门、食品企业、社区的食品营养与安全服务部门、餐饮业及教学、科研等单位从事食品生产、安全监管等工作。

烹饪与营养教育 VS **食品营养与检验教育**

烹饪与营养教育

烹饪与营养教育专业侧重于烹饪教育。毕业生要熟练掌握烹饪工艺实践技艺、烹饪科学理论以及相应的餐饮管理知识与营销业务能力，能从事大、中型饭店及集团餐饮部门的技术及管理工作，也可在中、高等烹饪学校或相关科研部门从事教学、科研工作。

食品营养与检验教育

食品营养与检验教育专业侧重于食品检测。毕业生可从事食品安全与质量控制教育、教学研究，或者在食品原辅料生产、流通和消费领域从事分析检验、质量管理、安全评价、企业管理和科学研究等方面的工作。

交通
行业核心专业对比

飞行器动力工程 VS **飞行器制造工程**

飞行器动力工程

飞行器动力工程专业以发动机研发制造为主，主要学习有关飞行器动力装置的基础理论和基本知识。毕业生能在航空、航天、交通、能源、环境等部门从事飞行器动力装置及其他热动力机械的设计、研究、生产、实验、运行维护和技术管理等方面工作。

飞行器制造工程

飞行器制造工程专业涵盖面较广，包括机身、电子电气仪表等，主要学习自然科学基础知识、制造工程基本理论和飞行器制造的基本理论知识。主干课程有理论力学、材料力学、飞机结构损伤与维修、飞机故障诊断技术等。

交通运输 VS **交通工程**

交通运输

交通运输专业偏向交通线网规划和设计、运输手段、运输经济优化。课程偏理论，常常需要数学建模，主干课程有运筹学、系统工程、运输枢纽规划等。该专业培养具备运筹学、管理学、交通运输组织学等方面知识，能在国家及省、市的交通运输管理部门、交通运输企事业单位等从事交通运输组织、指挥、决策，交通运输企业生产与经营管理的高级技术人才。

交通工程

交通工程专业偏向土建，有的学校将该专业设置在土木工程学院，主干课程是系统工程、交通工程、交通运输工程及交通规划等。该专业培养富有创新精神和实践能力，具有坚实的基础知识，掌握必备的交通工程、土木工程的基本理论和基本技能，能够从事交通工程规划、交通工程设计等方面工作的高级工程技术和科研人才。

航海技术 VS **轮机工程**

航海技术

航海技术专业主要学习船舶的驾驶和船舶运输管理等知识，能在海洋运输各企事业单位从事海洋船舶驾驶和运营管理工作。主干课程有航海力学、航海气象学、海洋货物运输、海商法等。该专业主要培养符合国家教育方针和国际国内相关法规、综合素质好、安全与环保意识强，具有国际竞争能力的高级航海技术人才。

轮机工程

轮机工程专业主要学习船舶的机舱操作，毕业生能在海洋运输各企事业单位从事轮机操作、维修和船舶监造等工作。主干课程是电机工程、电力工程、机械制图等。轮机工程专业被中国国家教育部列为交通行业 80 个主干专业之一，该专业培养的学生方向为管理船舶所有机电设备和动力装置的机电全能工程师。

教育
行业核心专业对比

VS

汉语言文学

汉语言文学专业倾向于阅读写作，毕业生具备汉语及语言学、中国文学等方面的系统知识和专业技能。就目前我国高校汉语言文学专业的分布来看，大致可分为师范类和非师范类两大类，它们在培养方式和方向上有所不同，但专业课程上是相近的。师范类汉语言文学专业在实践教学环节中，更重视教师职业素养的培育和教学能力训练。

汉语言

汉语言专业倾向于文字语法，侧重语言教学和语言文字研究，培养能在高校、科研机构等从事汉语言文字的教学科研、对外汉语教学、语言文字管理及语言应用方面实际工作的人才。该专业侧重于汉语和对外汉语方面的教学和研究，要求学生有较强的文字运用能力，以及广博的文、史、哲知识基础。

VS

教育学

教育学专业涉及领域包括学校教育、家庭教育、社会教育等。它运用哲学、政治学、卫生学和心理学等多方面的知识，对教育现象、教育规律等问题进行综合性研究。旨在培养中等或高等师范院校师资、中小学校教育科研人员、教育科学研究单位研究人员、各级教育行政管理人员和其他教育工作者。

教育技术学

教育技术学专业的学生主要学习教育技术方面的基本理论和基本知识，接受学习资源和学习过程的设计、开发、运用、管理和评价等方面的基本训练，掌握新技术教育应用方面的基本能力。该专业旨在探求提高教学效果的技术手段，优化教学过程的规律与方法。

VS

汉语国际教育

汉语国际教育专业注重汉英（或另一种外语）双语教学，兼顾东西方语言特色。主要学习文学、文化和语言三大方面的知识，研究汉语、语言学、教育学、跨文化交际四大层面的问题，并不简单地等同于“汉语 + 外语”。报考该专业的学生需要对外国的文学经典有所了解，对西方礼仪有浓厚兴趣，外语基础扎实。

对外汉语

对外汉语专业兼具汉语言文学与外国语言文学专业之长，注重汉英（或其他外语）双语教学。该专业学生需掌握扎实的汉语言文学基本理论和知识，受到中国文学、比较文学、外国语言文学等方面的基本训练，熟练地掌握外语，具有从事语言文化或文化研究的基本能力。毕业生能从事对外汉语教育及中外文化交流等相关工作。

传播
行业核心专业对比

VS

新闻学

新闻学专业是研究新闻事业和新闻工作规律的科学。新闻学专业注重培养学生的系统新闻理论知识与技能，拓宽学生的文化与科学知识面。该专业要求毕业生熟悉我国新闻、宣传政策法规。近年来，市场竞争加剧，国内新闻传播业迅速整合。同时，这方面人才“门槛”逐渐提高，具备一定专业基础以及良好外语优势的国际化新闻人才更被看好。

传播学

传播学专业的学生需要学习现代媒体传播的基础理论和知识，以适应信息化社会与知识经济时代的要求，通过掌握现代电子媒体，特别是电视媒体与网络媒体传播的基本技能，能够胜任影视传播、新闻传播、网络传播、广告及媒介经营管理等工作。综合素质高、具有国际视野的中高级复合型应用人才更受欢迎。

VS

网络与新媒体

网络与新媒体专业属于新兴专业，也属于交叉学科专业，为顺应数字信息时代发展以及移动互联媒介融合的趋势而设置。该专业的就业前景很好，毕业生社会需求大，就业面广，可在各类门户网站、党政部门网站、企事业网站等从事信息采集、撰写、编辑等工作，也能从事与新媒体相关的网站策划、网络推广以及网站建设与管理等方面的工作。

广告学

广告学专业实用性比较强，要求学生掌握广告实施与经营管理的基本知识和技能。毕业生可在教育、新闻媒介广告部门、广告公司、市场调查及信息咨询行业以及企事业单位等从事广告经营管理、广告策划创意和设计制作、市场营销策划等工作。我国广告业近年在各方面都取得了相当大的发展，广告媒介的发展也极为迅速。

VS

编辑出版学

编辑出版学是研究国内外出版业运行规律并指导出版实践发展的一门应用学科。编辑出版是一个很大的范畴，细分不同的领域，如经济、法律、文学等。对有志于从事出版行业的学生来说，仅学习编辑的知识是不够的。该专业学生大多会辅修或自学经济管理、新闻传播、法学等专业。在当下，跨学科的人才是很多企业所需要的。

数字出版

数字出版属于交叉学科专业，是建立在媒体融合背景下的新型应用型学科。学生除了学习编辑出版学相关课程以外，还要学习网络传播、数字书刊编辑学、数字出版技术等课程。数字出版行业目前属于新兴行业，传统出版机构都在往数字化方向转型，这是出版行业的大趋势。

军事 & 外交
行业核心专业对比

武器系统与工程

武器系统与工程专业主要研究武器系统及其发射、运载以及民用机械工程与自动化方面的基本理论和基本知识。本专业的学生要接受武器系统设计、技术综合、产品研制、实验测试工程管理方面的基础训练，具备武器系统分析与综合、工程设计与计算、计算机应用、试验检测、科技管理等方面的基本能力。

VS

武器发射工程

武器发射工程专业主要研究适应新形势下的武器从发射、飞行到命中目标全过程的力学现象、运动规律和测试等有关理论和工程应用技术，主要研究的是动力问题。随着高新技术迅猛发展及其在兵器技术中的应用，使得弹箭、火炮高新技术含量不断提高，出现了许多新概念武器，这些都与武器发射工程有着直接的关系。

核化工与核燃料工程

核化工与核燃料工程专业的毕业生就业主要集中在中国核工业集团公司、中国广东核电集团有限公司、中国电力投资集团公司、国家核电技术公司、中船重工集团等。从地理位置来看，这些单位大多位于省会城市或沿海发达城市。

VS

核工程与核技术

核工程与核技术专业主要研究核能科学与工程、核燃料循环与材料、核技术及应用、辐射防护及环境保护等。学生主要学习工程热物理、核工程、核技术的基础理论，受到核工程、核技术方面的实践训练，具有从事核工程、核技术的实验研究、设计建造、运行管理的基本能力。

地雷爆破与破障工程

地雷爆破与破障工程专业学生主要学习电子技术、爆炸力学、工程测量、军队指挥学、陆军战术学、军队管理学等方面的基础理论与基本知识，掌握爆破理论、地雷结构原理、起爆技术与引信技术、地雷爆破器材与军事爆破工程设计、工程兵战术等专业知识和地雷及爆破装备使用、维护等专业技能。

VS

弹药工程与爆炸技术

弹药工程与爆炸技术专业主要研究如何在爆破的过程中，准确命中目标并将其破坏，如何对海对空进行搜索且准确定位目标，如何利用炸药使其威力最大等。毕业生具备该技术领域的基础理论、基本专业知识和基本技能，具有良好的数学、力学、机械等基础理论和弹药设计、爆炸技术及应用、目标毁伤等专业知识。

运动
行业核心专业对比

运动康复 VS **运动训练**

运动康复

运动康复专业旨在培养掌握从事本专业领域实际工作的基本能力和基本技能，适应康复治疗技术生产、建设、管理、服务第一线需要的德、智、技全面发展的高素质康复治疗技术技能型专门人才。

学习内容包括运动康复学的基本知识和理论，运动康复学的基本训练，处理基本疾病的能力。

运动训练

运动训练专业主要培养具备与竞技运动相关专业的基本理论和基本知识，能从事竞技运动教学、科研、管理等方面工作能力的高级专门人才。

主要学习体育专项技能、专业知识，教学训练和管理的知识与技能技巧，竞技体育相关的基本理论、知识以及基本技能，竞技体育相关社会活动的基本能力。

社会体育指导与管理 VS **体育经济与管理**

社会体育指导与管理

社会体育指导与管理专业培养具有社会体育的基本理论、知识与技能，能在社会体育领域从事群众性体育活动的组织管理、咨询指导、经营开发以及教学科研等方面工作的高级管理人才。

学习内容包括社会体育方面的基础理论和基本知识，社会体育工作的基本训练，群众体育活动组织管理、咨询指导、经营开发等。

体育经济与管理

体育经济与管理专业要求学生熟悉现代经济学的基本理论与体育理论，掌握现代经济分析的基本方法，能在经济、体育、文教等部门从事体育市场经济分析、体育事业规划、体育经济管理等工作。

学习内容包括体育经济与管理的基础知识，相应学科的技能训练，竞技体育活动和群众性体育活动的经营开发等。

体育教育 VS **运动人体科学**

体育教育

体育教育专业的学生具备系统的体育教育基本理论、知识和技能，掌握学校体育教育工作规律，具有较强的实践能力，能在中等学校等从事体育教学、课外体育活动、课余体育训练和竞赛工作。

学习内容有教育学、人体科学、学校体育学等基本知识、理论和技能，体育科学研究的基本训练等。

运动人体科学

运动人体科学专业的学生具备运动人体科学理论和实验研究能力，能从事运动人体科学方面的教学、科研、竞技运动和康复指导等工作。

学习内容有体育学、生物科学、基础医学和教育学的基本理论、知识和技能，接受相关学科的基本训练，掌握运动健身、营养指导等能力。

人工智能
行业核心专业对比

VS

计算机科学与技术

计算机科学与技术和软件工程主要都学习编程相关知识，但涉及的领域不同。计算机科学与技术涉及全面的计算机知识，包括计算机原理、硬件、软件及发展趋势。

主要培养具有良好的科学素养，系统地、较好地掌握有关计算机科学与技术的理论和技术，能从事计算机教学、科学研究和应用的计算机科学与技术学科的高级科学技术人才。

软件工程

软件工程专业以计算机科学与技术学科为基础，强调软件开发的工程性，使学生熟练掌握从事软件需求分析、软件设计、软件测试、软件维护和软件项目管理等工作所必需的基础知识、基本方法和基本技能，突出对学生专业知识和专业技能的培养。

VS

数据科学与大数据技术

数据科学与大数据技术专业属于交叉学科，以统计学、数学、计算机为三大支撑性学科，生物、医学、环境科学、经济学、社会学、管理学等为应用拓展性学科。该专业学生还要学习数据采集与分析、处理软件，学习数学建模软件及计算机编程语言等，是“二专多能”（专业知识+数据思维）的跨界人才。

智能科学与技术

智能科学与技术专业以信息技术和生命科学为基础，以人工智能技术为核心，以智能机器和智能系统应用为目标，以人工智能的理论和方法，研究用计算机去模拟和扩展人的智能，设计具有高智能水平的计算机应用系统和更聪明的计算机。这往往必须建立在大数据的基础上，通过对数据的分析处理来扩展人的智能。

VS

自动化

自动化技术涉及范围极其广泛。小到普通的电动机、自动运行的电梯，大到钢铁厂、石油企业大型设备的自动化控制，甚至导弹自动追踪等，都与自动化技术密切相关。

自动化专业主要研究自动控制的原理和方法在各类控制体系中的应用，它可以完成人类自身难以或无法完成的许多精密、复杂的工作。

机器人工程

机器人工程专业的毕业生主要从事机器人工作站设计、装调与改造，机器人自动化生产线的设计、应用及运行管理等工作。该专业和自动化专业需要学习的课程都是一个“大杂烩”。机器人可用于自动化的一些物理任务，但许多类型的自动化与物理机器人无关，机器人技术的许多分支也与自动化无关。

通信
行业核心专业对比

电子信息科学与技术

电子信息科学与技术是一个宽口径专业，包括电子科学技术和信息科学技术两个方向。学习内容涉及电子学、信息技术、计算机三大板块，有无线通信、图像传输与处理、信息电子技术三个方向。该专业与生活息息相关，公交 IC 卡、小区门禁卡等都在其研究范围。

VS

电子信息工程

电信局处理电话信号、手机传递声音、家用电器的遥控等，日常生活各方面与电子信息工程紧密相关。该专业和计算机、通信工程都有交叉，主要研究信息的获取与处理，电子设备与信息系统的开发和应用。

该专业的人才一直是信息社会的热点需求，在 IBM、Intel、Simens 等跨国公司，华为、大唐等国内知名企业都可见他们的身影。

电波传播与天线

电波传播与天线专业培养具有坚实数学、物理基础，掌握现代电子信息科学技术的基本理论、基本知识和实验技能，能运用计算机等现代工具对无线电系统及信息获取进行分析、设计和综合应用的高级专门人才。

该专业总体就业不错，不过行业门槛极高，专业性太强，如果不喜欢，可考虑转计算机科学、信号处理、通信工程等专业。

VS

电磁场与无线技术

电磁场与无线技术专业一般要求学生掌握电磁波的产生、传输、辐射、传播、接收的基础知识、基本理论和工程应用知识，掌握电子信息系统中射频、微波电路及天线等相关领域的计算仿真、设计与制作技术，毕业后能从事有关电磁场与无线技术工程领域的研究开发工作。

信息工程

信息工程专业的学生主要学习各种类型模拟与数字信息传输过程，信息的采集与处理相关技术、协议、传输安全等内容。培养学生具备从事通信网络一般设计、调试的基本能力，具备信息电子采集系统设计、信息处理和网络安全基础设计的基本能力。

VS

信息安全

广义的信息安全指网络系统的硬件、软件及其系统中的数据受到保护，不因偶然或者恶意的原因遭受破坏、更改、泄露，使系统能连续可靠正常地运行，网络服务不中断。

信息安全专业是计算机、通信、数学、物理、法律、管理等学科的交叉学科，主要研究确保信息安全的科学与技术。

医疗
行业核心专业对比

VS

临床医学

临床医学专业是医学中研究疾病诊断、治疗和预防的各专业学科的总称。通过各类检查，凭所学知识和经验判断病人的病因和病情，然后采取相应措施对病人进行治疗。该专业致力于培养具备基础医学、临床医学的基本理论和医疗预防的基本技能，能在医疗卫生单位、医学科研部门等从事医疗及预防、医学科研等方面工作的医学高级专门人才。

口腔医学

口腔医学专业主要研究口腔及面部疾病的发病原因、病情诊断、治疗、预防等理论知识和操作技能。该专业培养掌握一定的人文社科知识和相关自然科学基础、较扎实的基础医学理论和临床医学知识以及一定的预防医学知识、具有一定的临床思维能力和临床实践能力的临床医学专门人才。

VS

医学检验技术

医学检验技术专业的学生主要学习基础医学、临床医学、医学检验方面的基本理论知识，接受医学检验操作技能系统训练。该专业培养具有基础医学、临床医学、医学检验等方面的基本理论知识和基本能力，能在各级医院、血站及防疫等部门从事医学检验及医学类实验室工作的医学高级专门人才。

医学实验技术

医学实验技术主要研究基础医学、临床医学、临床生物化学等方面的基本知识和技能，进行临床医学实验研究、生物制品研发等。毕业后能够从事医学实验和医学研究工作，具有对医学实验结果进行分析的能力。

VS

预防医学

预防医学专业注重以健康人群为对象，研究健康影响因素及其作用规律。该专业培养德、智、体、美全面发展，具有系统的预防医学基本理论、基本知识和基本技能，有一定实践能力、创新能力和发展潜力的应用型预防医学专门人才。

基础医学

基础医学专业的主要任务是研究正常人体形态和构造，以及各器官、结构间的毗邻和连属关系。该专业主要培养具备自然科学、生命科学和医学科学基本理论知识和实验技能，能够在高等医学院校和医学科研机构等部门从事基础医学各学科的教学、科学研究及基础与临床相结合的医学实验研究工作的医学高级专门人才。

数据主要来源

1. 中华人民共和国政府网（教育部、财政部、工信部、国家体育总局、国家统计局、中国银联、中国银保监会、中国民航局等）各年度政府文件

2. 中华人民共和国各基金、协会等年度行业报告（中国茶叶流通协会、中国国际中文教育基金会、中国城市轨道交通协会、中国体育用品联合会等）

3. 前瞻产业研究院行业年度数据及趋势分析报告

4. 艾媒咨询网各行业年度数据及趋势分析报告

5. 中国大数据产业观察网

6. 中国贸易救济信息网

7. 搜狐网

8. 腾讯网

9. 新浪网

10. 网易

11. 知乎

12. 携程旅行网

13. 澎湃新闻网

14. 猫眼电影

15. BOSS 直聘

16. 观研报告网

17. 科维网

18. 医脉通

19. Fastdata 极数

20. 经济学人（GFSI）

21. Global Firepower

22. FIFA 官网